Abenteuer & Wissen

Maja Nielsen

# Mount Everest
>>> Spurensuche in eisigen Höhen

Fachliche Beratung: Jochen Hemmleb

Gerstenberg 👁 visuell

Die Autorin Maja Nielsen ist gelernte Schauspielerin. Durch ihre beiden Söhne kam sie zum Schreiben spannender Abenteuergeschichten. Viele davor sind als Bücher und Hörbücher erschienen oder wurden als Hörspiele und Reportagen im Rundfunk gesendet. Für die Bücher der Reihe *Abenteuer & Wissen* stehen ihr Experten der jeweiligen Sachgebiete zur Seite.

Jochen Hemmleb, wissenschaftlicher Mitarbeiter dieses Bandes, ist seit seinem 10. Lebensjahr begeisterter Bergsteiger. Nach dem Studium der Geologie ist er heute als freier Autor und Fachberater im Bereich Alpinhistorik tätig.
Der Verlag dankt Jochen Hemmleb für seine Unterstützung dieses Buches und für das Bildmaterial, das er aus seinem Archiv zur Verfügung gestellt hat.

Bibliografische Information Der Deutschen Bibliothek
Die Deutsche Bibliothek verzeichnet diese Publikation in der Deutschen Nationalbibliografie; detaillierte bibliografische Daten sind im Internet über http://dnb.ddb.de abrufbar.

Copyright © 2006 Gerstenberg Verlag, Hildesheim
Alle Rechte vorbehalten.
Reihenkonzeption, Gestaltung und Satz: Magdalene Krumbeck, Wuppertal
Illustrationen: Magdalene Krumbeck, Wuppertal
Karten: Peter Palm, Berlin
Litho: typocepta, Köln
Druck: Gerstenberg Druck, Hildesheim
Printed in Germany

www.gerstenberg-verlag.de

ISBN 978-3-8067-4834-5

Inhalt

>>> **Mount Everest** 6

1. **Der Fall** 8
2. **Fragen und Fakten** 14
3. **Der Detektiv** 26
4. **Die wichtigste Spur** 32
5. **Die Expedition** 38
6. **Die Suche** 42
7. **Der Fund** 46
8. **Was geschah wirklich?** 52

Chronik 60
Tipps 61
Register 62

Mount Everest

▶▶▶ **Mount Everest – eine Festung** aus Stein und Eis. Hoch aufragende Grate, jähe Abgründe, unüberwindlich scheinende Felswände. Geröllwüsten, über die Tag und Nacht ein eisiger Wind fegt. Weit oben erscheint dunkel und geheimnisvoll die wuchtige Gipfelpyramide. Majestätisch, unnahbar. So hoch, dass ein Mensch spürt, wie klein er in Wirklichkeit ist. Chomolungma, Göttin, Mutter der Erde – so heißt der höchste Berg der Welt in der Sprache der Tibeter. Nach ihrem Glauben leben in seinen eisigen Höhen Götter und Geister. Und die können sehr zornig werden. Die englischen Vermessungsingenieure, die diesen Berg 1852 „entdeckt" hatten, interessierten sich nicht für seine Jahrtausende alte, geheimnisvolle Geschichte. Sie benannten Chomolungma nach George Everest, dem Leiter der Landvermessungsexpedition. Als feststand, dass der Gipfel des Mount Everest alle anderen überragt, zogen die besten Bergsteiger der Welt los, um ihn zu „besiegen". Unter ihnen waren die beiden Engländer George Mallory und Andrew Irvine. Für den Traum, als erste Menschen auf dem Dach der Welt zu stehen, setzten sie ihr Leben ein.

Der Berg war nicht zu bezwingen. Dennoch gaben sie nicht auf. Sie trotzten Sturm, Eis und Kälte und kämpften sich bis in die Todeszone vor, in der es kaum noch Luft zum Atmen gibt. Der Gipfel war jetzt zum Greifen nah.

Aber dann kehrten Mallory und Irvine nicht mehr von da zurück, wo nach altem Glauben die Götter und Geister wohnen. Was geschah mit den beiden Engländern? Viele Jahrzehnte später sollte es einem jungen Geologie-Studenten endlich gelingen, dem Geheimnis um das rätselhafte Verschwinden von George Mallory und Andrew Irvine auf die Spur zu kommen …

Weil es ihn gibt!

Mallory 1923 auf die Frage eines Journalisten, warum er den Mount Everest besteigen wolle

1. Der Fall

>>> **Mount Everest, 8. Juni 1924**, am frühen Morgen. Zwei Männer brechen von ihrem Hochlager in 8140 Metern Höhe auf. Die Engländer George Mallory und Andrew Irvine haben einen großen Traum: Sie wollen als erste Menschen auf dem Dach der Welt stehen – auf dem 8848 Meter hohen Mount Everest.

Der 38-jährige George Mallory kennt den Berg wie kein anderer. Bereits an zwei Expeditionen hat er teilgenommen – und beide Male musste er sich geschlagen geben. Mallory gilt als einer der besten Bergsteiger seiner Zeit. Er hat eine unbeirrbare Willenskraft. Er weiß, es ist unwiederbringlich seine letzte Chance, den Mount Everest zu bezwingen. Er wird sie nutzen.

Der 22-jährige Andrew Irvine hat dagegen keine großen Erfahrungen als Bergsteiger vorzuweisen. Aber er ist körperlich in Topform. Ein Sportler durch und durch. Selbstbewusst, zäh und zuverlässig. Keiner, der schnell aufgibt. Außerdem ist der Student ein begabter Bastler. Der Anstieg zur Gipfelpyramide soll mithilfe von zusätzlichem

Für George Mallory war die Expedition von 1924 die letzte Gelegenheit, zum Erstbesteiger des höchsten Berges der Welt zu werden.

> **Steckbrief George Mallory**
>
> George Leigh Mallory wird am 18. Juni 1886 in Mobberley, Grafschaft Cheshire, England, geboren. Er studiert Literatur an der Universität Cambridge und wird Lehrer. Schon als Kind ist er begeistert vom Klettern und Bergsteigen. Zahlreiche Klettertouren führen ihn nach Wales und in die Alpen. Einige Stationen seines Lebensweges:
> **1914** Heirat mit Ruth Turner. Das Paar bekommt drei Kinder: Clare, Beridge und John. | **1914–1918** Mallory kämpft im Ersten Weltkrieg. | **1921** Teilnahme an der ersten britischen Expedition zum Mount Everest. Ziel der Expedition: Erforschung des Berges und Auskundschaften einer möglichen Route zum Gipfel über die tibetische Nordseite. | **1922** Teilnahme an der zweiten britischen Mount-Everest-Expedition. | **1924** Teilnahme an der dritten britischen Mount-Everest-Expedition.

Es ist kein Denken daran, dass ich den Gipfel nicht erreiche; ich kann mir nicht vorstellen, geschlagen zurückzukommen.
George Mallory in einem Brief an seine Frau Ruth

> **? Steckbrief**
> **Andrew Irvine**
>
> Andrew Comyn Irvine wird am 8. April 1902 in Birkenhead, England, geboren. Er besucht in Shrewsbury eine Privatschule. Schon als Schüler erfindet er technische Geräte und erweist sich als begabter Bastler. Einige Stationen seines Lebensweges:
> **1922** Studium der Chemie am Merton College in Oxford. Lieber würde er Ingenieurswesen studieren, aber das Fach wird in Oxford nicht gelehrt. | **1922 und 1923** Der exzellente Sportler gewinnt mit seiner Universitätsmannschaft die begehrte Trophäe des Oxford and Cambridge Boat Race. | **1923** Expedition nach Spitzbergen mit Noel Odell. Odell empfiehlt den Studenten für die Teilnahme an der nächsten Everest-Expedition. | **1924** Teilnahme an der dritten britischen Mount-Everest-Expedition zusammen mit Odell und Mallory.

Andrew Irvine, der Jüngste im Team, hoffte inständig auf seine Chance. Er träumte vom Gipfel.

Sauerstoff erfolgen. Die klobigen und unzuverlässigen Sauerstoffgeräte hat er im Gegensatz zu dem technisch unbegabten Mallory voll im Griff. Sollten sie auf dem Weg nach oben versagen, wird er sie wieder funktionsfähig machen.

Diese dritte Mount-Everest-Expedition, an der Mallory teilnimmt, stand bisher unter keinem guten Stern. Für diese Jahreszeit war das Wetter außergewöhnlich schlecht, geradezu katastrophal. Temperaturen von minus 30 Grad und orkanartiger Wind. Jetzt steht die Monsunzeit, die viel Schnee bringt, unmittelbar bevor.

Aber zur freudigen Überraschung der beiden Männer sind die Wetterverhältnisse beim Aufbruch zum Gipfel nahezu ideal. Sie könnten es also tatsächlich schaffen.

Die beiden Männer gehören zu einem 13-köpfigen englischen Team, das von zahlreichen einheimischen Trägern, den Sherpas, unterstützt wird. Einer ihrer Freunde im Bergsteigerteam ist der Geologe Noel Odell. Mallory hatte ihn in einer Notiz darum gebeten, ihm einen Kompass ins Lager VI hochzubringen, den er in seiner typischen Vergesslichkeit in Lager V liegengelassen hatte. Odell wird den beiden Männern in einigem Abstand bis zu Lager VI folgen, falls sie seine Unterstützung brauchen.

Als Odell am Morgen des 8. Juni auf 8 000 Meter aufsteigt und dabei nach Fossilien sucht, ist er mit seinen Gedanken bei den bei-

Mallorys letzte Nachricht an Odell ist voller Optimismus: „Das Wetter ist perfekt für den Gipfel."

den Kameraden. Um ihn herum ist dichter Nebel. Deswegen kann er seine Freunde bei ihrem Weg zum Gipfel nicht ausmachen, so angestrengt er auch Ausschau hält. Doch auf einmal lichtet sich der Nebelvorhang. Noel Odell blickt nach oben in Richtung Gipfelpyramide. Da sieht er sie: Mallory und Irvine! Im Aufstieg! Weniger als 300 Meter vom Gipfel entfernt!

Er schaut auf seine Uhr – und ist beunruhigt. Es ist bereits 12 Uhr 50! Odell gefällt nicht, dass die beiden erst jetzt, erst gegen Mittag, an dieser Stelle sind. Bleibt ihnen da für den Rückweg vom Gipfel noch ausreichend Zeit? Sie dürfen auf gar keinen Fall in die Dunkelheit geraten, und um 18 Uhr 30 beginnt es zu dämmern. Steile, fast senkrechte Felswände, Geröllabhänge, die leicht ins Rutschen kommen – nachts absteigen wäre der sichere Tod.

Wie mit Mallory besprochen, steigt Odell weiter hoch ins Lager VI auf 8 140 Metern Höhe, von wo die beiden anderen am Morgen aufgebrochen sind. Odell wirft einen Blick in das kleine Zelt. Kleidungsstücke und Teile der Sauerstoffgeräte liegen in einem heillosen Durcheinander. Es sieht danach aus, als ob Irvine kurz vor dem Aufbruch noch Reparaturen an den Sauerstoffgeräten vornehmen musste. Waren sie davon aufgehalten worden? Brachen sie deswegen später auf als geplant? Es fängt heftig an zu schneien. Sehr heftig sogar. Odell bekommt langsam Angst um seine Freunde.

Der Geologe Noel Odell stieg auf der Suche nach Mallory und Irvine in nur vier Tagen zweimal von 7 000 Meter auf 8 300 Meter hoch. Eine gewaltige Leistung

> **D**er Nebel lichtete sich, und ich konnte den Gipfel erkennen. Auf einem Schneefeld unter der vorletzten Stufe zur Gipfelpyramide erspähte ich einen schwarzen Punkt, der sich der Felsstufe näherte. Ein zweiter folgte, während der erste den Vorsprung erkletterte. Dann senkte sich der Vorhang wieder …
> Noel Odell

Indo-Australische Platte — Berge entstanden — **Eurasische Platte**

Vor 70 Mio. Jahren

Die Platten näherten sich einander

Flüssiges Gestein drängte nach oben

Indo-Australische Platte — **Eurasische Platte**

Flüsse spülten Erde und Geröll ins Meer

Tibet

Vor 50 Mio. Jahren

Das Meer füllte sich mit Sediment

Indo-Australische Platte

Indien — Himalaja — Tibet

Heute

Eurasische Platte

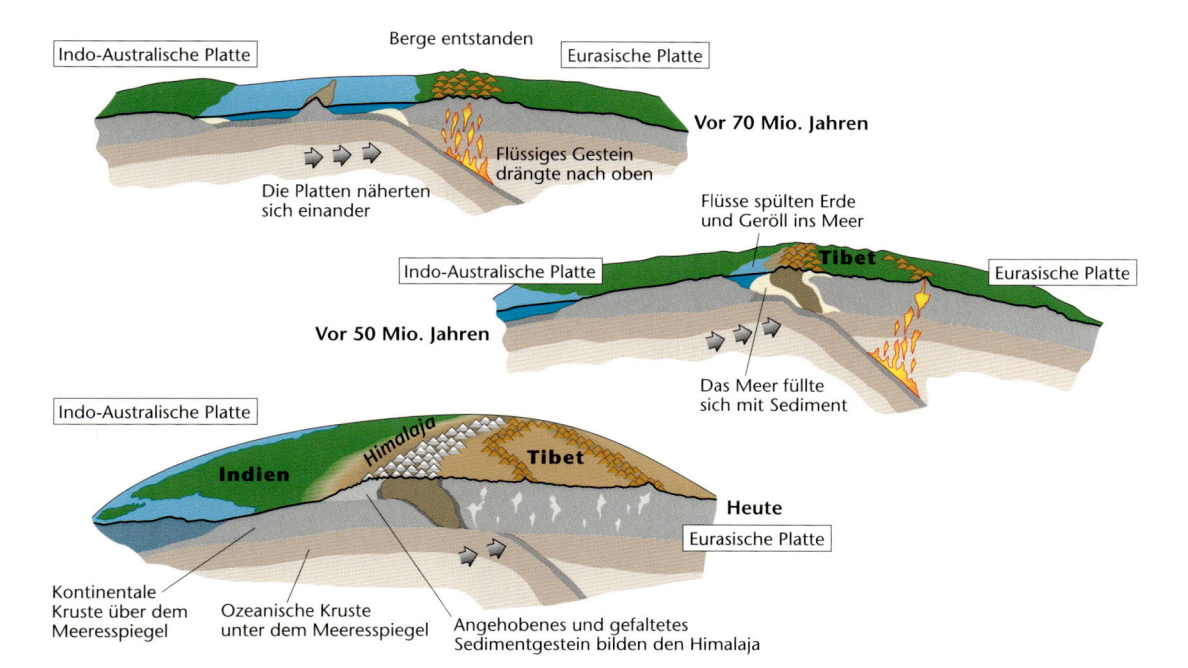

Kontinentale Kruste über dem Meeresspiegel

Ozeanische Kruste unter dem Meeresspiegel

Angehobenes und gefaltetes Sedimentgestein bilden den Himalaja

Himalaja – das Dach der Welt

Der 8 848 Meter hohe Mount Everest gehört zur höchsten Gebirgskette der Welt – dem 2 500 Kilometer langen Himalaja. Politisch gehört der Himalaja zu Indien, Pakistan, Nepal, Bhutan und Tibet (China). Der Himalaja, ein so genanntes Faltengebirge, entstand durch das Zusammenprallen der indischen Platte mit dem eurasischen Kontinent.

Wie muss man sich das vorstellen? Der obere Teil der Erde ist aus etwa 150 Kilometer dicken, festen Platten aufgebaut. Sie „schwimmen" auf einer dicken Schicht aus geschmolzenem Gestein. Vor etwa 70 Millionen Jahren schob sich die Platte, auf der heute Indien liegt, unter die eurasische Platte. Mit anderen Worten: Der Nordrand Indiens schob sich unter den Südrand Nordasiens. Dabei wurden mächtige Gesteinsmassen hochgedrückt, übereinandergeschoben und wie ein Teppich in Falten gelegt. Bei der Entstehung des Himalaja wurde der urzeitliche Meeresboden, der ursprünglich zwischen der indischen und der eurasischen Platte lag, angehoben. Auf dem Mount Everest kann man daher versteinerte Meerestiere finden.

„Kehrt um!", flüstert er beschwörend gegen den eisigen Wind. In seiner Unruhe steigt er Mallory und Irvine entgegen. Er ist besorgt, dass sie in diesem dichten Schneetreiben das Zelt nicht wiederfinden. Um sich bemerkbar zu machen, pfeift und juchzt er, bis er heiser ist. Sollten Mallory und Irvine gezwungen sein, in Lager VI zu übernachten, dürfen sie dort nicht auf Odell stoßen, denn in dem winzigen Zelt ist nur Platz für zwei Personen. Es ist 16 Uhr 30, als sich Odell schweren Herzens an den Abstieg macht. Auf dem Weg nach unten blickt er noch häufig zurück. Doch niemand ist zu sehen.

Zusammen mit einem anderen Teilnehmer der Expedition hält er von einem weiter unten liegenden Lager die ganze Nacht lang nach Mallory und Irvine Ausschau. Noch hat Odell nicht die Hoffnung aufgegeben, dass er seine Freunde lebend wiedersieht.

Sobald der neue Tag anbricht, richten sie ihre Feldstecher wieder auf das Hochlager; immer noch rührt sich nichts. Verdammt. Was ist passiert?

Die englischen Bergsteiger mit ihren Trägern auf dem Ostrongbuk-Gletscher und im Eiskamin unter dem Nordsattel

Obwohl er die ganze Nacht durchwacht hat und restlos erschöpft ist, kämpft sich Odell gegen Mittag durch den bitterkalten Westwind wieder den Nordgrat hinauf und erreicht nach einer Nacht in Lager V am nächsten Tag erneut Lager VI. Mit Ausnahme einer vom Wind umgerissenen Stange steht das Zelt noch so da, wie er es zwei Tage zuvor verlassen hat.

Odell weiß jetzt mit Gewissheit, dass seine Freunde verunglückt sind. Ohne den Schutz eines Zeltes kann man die Nacht in dieser Höhe, bei minus 30 Grad, nicht überleben. Erschüttert trägt er die beiden Schlafsäcke von Mallory und Irvine auf ein Schneefeld. Ei-

Das letzte Bild: Mallory und Irvine brechen von Lager IV in Richtung Gipfel auf.

> **? Die Lagerkette**
>
> Einen so hohen Berg wie den Mount Everest kann man nicht an einem Tag besteigen. Daher werden in regelmäßigen Abständen Zeltlager errichtet, in denen die Bergsteiger übernachten und sich nach und nach an die Höhenlage gewöhnen können (siehe dazu auch die Kästen Höhenkrankheit und Todeszone und die Karte der Nordroute auf S. 29). Die Lagerkette beginnt mit dem Basislager und dem Vorgeschobenen Basislager. Hier gibt es Küchen- und Gemeinschaftszelte, so dass ein längerer Aufenthalt möglich ist. Darüber werden sechs oder sieben weitere Lager errichtet, das höchste heute auf 8 200 Metern, 650 Meter unter dem Gipfel. Um die einzelnen Lager mit Ausrüstung und Verpflegung zu versorgen, müssen die Bergsteiger und die Träger immer wieder zwischen den einzelnen Stützpunkten auf- und absteigen. Insgesamt dauert es bis zu sechs Wochen, bis alle Lager fertig eingerichtet sind.

siger Sturmwind reißt ihm die Bürde fast aus den Händen. Odell legt die Schlafsäcke in T-Form auf den Schnee. Es ist ein weithin sichtbares Zeichen. Nun wissen auch die anderen Teilnehmer der Expedition in den tiefer gelegenen Lagern, dass die Kameraden verloren sind.

Verloren! Nach all dem, was Mallory auf sich genommen hat, um als Erster auf dem Gipfel des Mount Everest zu stehen!

Odell denkt daran, wie er Mallory und Irvine vor ihrem Gipfelversuch ein Frühstück aus gebackenen Sardinen und Tee zubereitete. Weiter unten war das, in Lager IV. Die beiden konnten vor Aufregung so gut wie nichts essen. Erst zwei Tage ist das her. Odell hat ihnen noch Glück auf den Weg gewünscht. „Ich habe das letzte Foto von ihnen gemacht!", wird ihm bewusst. „Als sie gerade beim Aufladen der Sauerstoffausrüstung waren." Am 6. Juni 1924 gegen halb acht morgens hatten sich Mallory und Irvine auf den Weg ins Lager V gemacht.

Was ist nur mit den Freunden geschehen?, fragt er sich niedergeschlagen. Hatte Mallory seine Kräfte überschätzt?

Schweren Schrittes geht Odell ein letztes Mal zum Zelt. Dort liegt Mallorys Kompass, den steckt er ein. Von Irvine nimmt er ein übriggebliebenes Sauerstoffgerät mit.

Dann steigt er ab. Von Zeit zu Zeit vergewissert er sich, dass seine Hände und Füße nicht erfroren sind. Es schmerzt ihn zutiefst, dass er seine beiden Kameraden irgendwo dort oben in der eisigen Kälte allein zurücklassen muss.

2 Fragen und Fakten

>>> **Seit diesem traurigen Tag** gibt es zwei Fragen, die in Bergsteigerkreisen überall auf der Welt leidenschaftlich diskutiert werden: Wie sind Mallory und Irvine zu Tode gekommen? Und: Ist den beiden Männern die Erstbesteigung des Mount Everest gelungen? Ist es also falsch, was in allen Geschichtsbüchern steht: dass der Neuseeländer Edmund Hillary und der Sherpa Tenzing Norgay 1953 als Erste den Gipfel des Mount Everest erreichten?

Edmund Hillary und Tenzing Norgay gehören zum Lager derer, die einen Gipfelsieg der beiden Engländer zumindest nicht für ausgeschlossen halten. Bei ihrer erfolgreichen Erstbesteigung hielten sie auf dem Gipfel Ausschau nach Spuren von Mallory und

Edmund Hillary, von Beruf Imker, ist ein neuseeländischer Bergsteiger. Zusammen mit dem Sherpa Tenzing Norgay gelang ihm am 29. Mai 1953 die Erstbesteigung des Mount Everest über die nepalesische Südseite.

Als wir auf dem Gipfel standen, habe ich an ihn gedacht. Ich schaute mich genau um, ob es irgendein Zeichen gab, dass Mallory und Irvine auf dem Gipfel waren. Aber es war nichts zu sehen. Aber, wie auch immer, man kann sich nicht sicher sein.
Edmund Hillary, Erstbesteiger des Mount Everest

> **S**eitdem meine Mutter mir 1949 die Geschichte von Mallory und Irvine vorgelesen hat, verfolgen mich diese beiden Helden in Tag- und Nachtträumen.
>
> Reinhold Messner

Reinhold Messner bestieg 1980 den Mount Everest als erster im Alleingang und ohne zusätzlichen Sauerstoff und wurde dadurch weltberühmt.

Irvine, so stark waren ihre Zweifel, dass sie selbst tatsächlich die Ersten waren.

Der berühmte Südtiroler Extrembergsteiger Reinhold Messner ist dagegen ganz entschieden der Meinung, dass Mallory und Irvine es nicht geschafft haben können. Die Ausrüstung, mit der sie 1924 unterwegs waren, schließe das aus bergsteigerischen Gründen aus.

Das Interesse am Schicksal Mallorys und Irvines ist bis heute sehr groß, und wenn man Profibergsteiger nach ihrem Vorbild fragt, dann fällt sehr oft auch der Name Mallory.

Die große Anteilnahme hängt mit der einzigartigen bergsteigerischen Leistung Mallorys zusammen, aber nicht nur damit. Mallory steht dafür, dass man für sein Glück kämpfen muss. Dass man nie aufgeben darf, selbst dann nicht, wenn eine Sache aussichtslos scheint. Dass man unbeirrt versuchen muss, seine Grenzen zu überwinden, seine Ziele und Träume zu verwirklichen, allen Schwierigkeiten zum Trotz.

George Mallory muss man sich als ausgesprochen sympathischen Menschen vorstellen. Er sah gut aus, war sportlich, beschäftigte sich mit Theater, Musik und Malerei und hatte einen großen Charme, dem sich kaum einer entziehen konnte. Seine wunderschöne Frau Ruth lernte er 1914 auf einer Venedigreise kennen. Liebe auf den ersten Blick war das. Nur vier Monate später wird geheiratet. Mallory versucht seiner Frau nahezubringen, was er am meisten liebt: in den Bergen zu sein, Klettertouren zu unternehmen. Nach extremen Touren in Wales und in den Alpen gilt Mallory in England längst als Ausnahmebergsteiger, dessen Namen jeder kennt. Bergkameraden bewundern seinen überragenden Kletterstil.

❓ Warum immer nur englische Expeditionen?

Indien war bis 1947 eine englische Kolonie. Bis Indien unabhängig wurde und die Engländer dort nichts mehr zu sagen hatten, sorgte die britische Kolonialverwaltung dafür, dass nur Engländer über Indien und Tibet zum Mount Everest reisen konnten. Diese sogenannte Nordroute war lange Zeit die einzige Möglichkeit, den Berg zu besteigen, da das Königreich Nepal, wo die Südroute beginnt, bis 1950 grundsätzlich keine Ausländer ins Land ließ. Als Erste auf dem Mount Everest zu stehen, war für die Engländer eine Frage der Ehre. Am Nord- und am Südpol hatten bereits andere Nationen das Rennen gemacht. Die Briten sahen den Everest als den „Dritten Pol" der Erde an, und der sollte ihnen gehören.

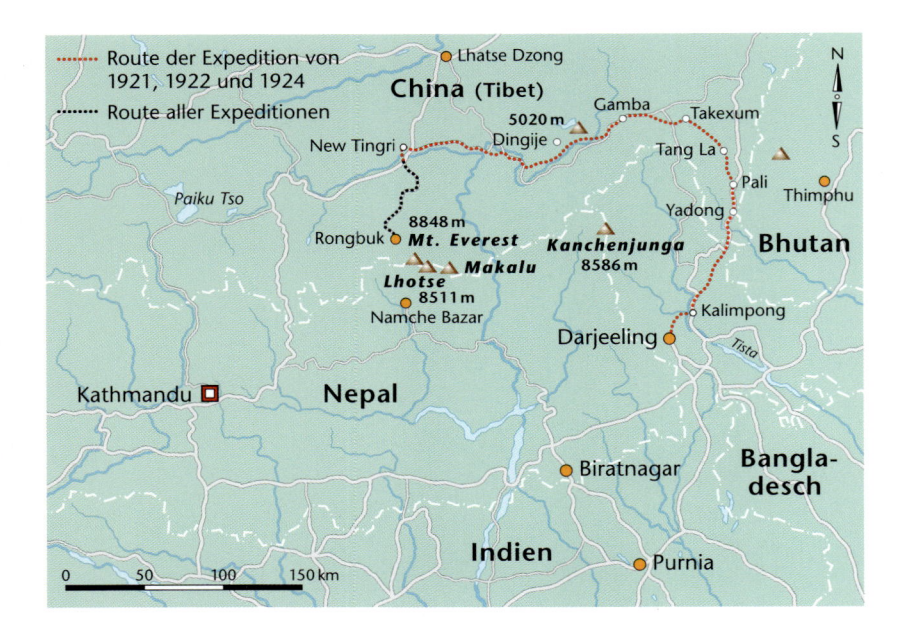

Als die Royal Geographical Society und der Alpine Club Mallory 1921 einladen, an der ersten Expedition zum Mount Everest teilzunehmen, sehen George und Ruth darin die Chance seines Lebens. Mallory gibt seinen Lehrerberuf auf. Eine gewagte Entscheidung, denn er hat eine Familie zu versorgen – inzwischen hat er drei Kinder –, und für Bergsteigen gibt es kein Gehalt. Es fällt ihm schwer, seine Familie zu verlassen. Und dennoch lässt er sich auf das Abenteuer ein.

Am 8. April 1921 beginnt Mallorys Reise in eine völlig unbekannte Welt. Zunächst überquert er den Kanal, dann folgt ab Frankreich eine wochenlange Schiffspassage nach Kalkutta. Als er am 10. Mai dort ankommt, schließt sich eine 18-stündige Zugreise in den Norden Darjeelings an, wo er die anderen Mitglieder der Expedition trifft. Von dort macht sich die große Karawane auf in Richtung Mount Everest: die englischen Bergsteiger, ihr umfangreiches

Mallory und sein Bergsteigerkollege Bullock 1924 in Tibet. Die Expedition beginnt.

> **Ü**berall ging es nirgends hin. Wann kam ein Ende dieser Qual? In den Alpen verflucht man Anstiege am Schluss einer Tour, aber hier überfiel uns die ganz neue Erfahrung einer an Ohnmacht grenzenden Schwäche bei Höhenunterschieden von 20 bis 40 Metern.
>
> George Mallory bei seiner ersten Expedition zum Mount Everest 1921

Der Mount Everest zeigt sich aus der Ferne als uneinnehmbare Himmelsfestung.

❓ Die beste Jahreszeit

Im Winter ist es im Himalaja zu kalt für eine Besteigung, im Sommer ist das Wetter dafür zu schlecht. Das liegt an den starken Monsunwinden, die Schlechtwetter und viele Niederschläge bringen. Die beste Zeit für eine Besteigung ist das Frühjahr, bevor im Laufe des Junis der Monsun kommt. Weil die Winter eher trocken sind, liegt im Frühjahr außerdem auch weniger Schnee als zu anderen Jahreszeiten.

Gepäck, transportiert von 50 Maultieren, dazu 50 Maultiertreiber, mehrere Köche und Übersetzer und noch zusätzlich 20 Träger. Regen und Schlamm in Sikkim, beißender Wind im tibetischen Hochland – zu Fuß ziehen Mallory und seine Kameraden mehr als einen Monat lang dem Mount Everest entgegen. Sie folgen einem Pfad, der seit Jahrhunderten von Maultierkarawanen benutzt wird. Manchmal reiten sie auch ein Stück auf dem Rücken von zähen, kleinen Hochlandponies. Am 19. Juni 1921 sieht George Mallory von dem Dörfchen Tingri aus endlich zum ersten Mal den Mount Everest. Gebannt starren die Teilnehmer der Expedition den Koloss an. Keiner sagt etwas, sie stehen nur da und schauen. Minutenlang. Mallory ist tief beeindruckt.

Die zu diesem Zeitpunkt noch völlig ahnungslosen Engländer haben die falsche Jahreszeit für eine Besteigung des Mount Everest ausgewählt.

Die Monsunwinde begraben den Berg unter Schneemassen. Täglich schneit es acht bis zehn Stunden. Der Berg zeigt sich als ein einziges unüberwindbares Hindernis. Eine Festung. Selbst mit Schneeschuhen an den Füßen versinken Mallory und sein Begleiter Bullock bei jedem Schritt bis zu den Knien im Schnee.

Mallory ist bestürzt, als er erfasst, wie schwierig eine Besteigung des höchsten Berges der Welt tatsächlich ist. Und gibt dennoch nicht auf.

An eine Gipfelbesteigung ist zunächst gar nicht zu denken. Ziel der Expedition wird es daher, die Gegend zu erkunden und eine mögliche Route zum Gipfel auszumachen. Über den Nordsattel, einen 7 066 Meter hohen Pass am Fuß der Nordwand, könnte ein Weg zum Gipfel führen, ahnt Mallory schon früh. Aber wie, auf welchem Weg, durch welches Tal hindurch erreicht man den Nordsattel? Es gibt zu diesem Zeitpunkt ja keine genauen Karten von dem Gebiet. Die Bergsteiger sind ganz auf ihre Beobachtungen und ihren Orientierungssinn angewiesen. In mühevollen Exkursionen erforschen sie das Terrain. Der Rongbuk-Gletscher – ein mächtiger Eisstrom, der sich über die gesamte Nordseite des Berges ergießt – besteht aus wild zerklüfteten Eistürmen. Kein Durchkommen scheint möglich. „Selbst ein Schneehase würde sich hier nicht mehr zurechtfinden", stellt Mallory ernüchtert fest.

Auf der Suche nach einem Weg durch diese Eiswüste müssen Mallory und sein Kamerad Bullock vor immer neuen unüberwindlichen Hindernissen kapitulieren. Einen ganzen Monat lang. Bis es ihnen nach unendlichen Mühen doch noch gelingt, einen möglichen Weg zum Gipfel auszumachen. Er führt zunächst auf den Nordsattel, dann über einen Sporn am linken Rand der Nordwand zum Nordostgrat, von da zur Gipfelpyramide. Als sich im September das Wetter bessert, wagen sie einen ersten Vorstoß in Richtung Gipfel.

Der Nordsattel, darüber der Rongbuk-Gletscher. Mallory war der erste, der seinen Fuß auf den Nordsattel setzte.

Drei Gletscher haben den Mount Everest geformt und die Täler rund um den Gipfel eingeschnitten: der Khumbu-, der Rongbuk- und der Kangshung-Gletscher. In großer Höhe schmilzt Schnee nicht, sondern wird zu Eis. Gletscher sind Flüsse aus Eis, die sehr langsam ins Tal gleiten.

Ein Sherpa mit schweren Erfrierungen.
Bei 90 Prozent aller Erfrierungen sind Finger und Zehen betroffen. Sie gefrieren und werden grau und gefühllos. In schweren Fällen stirbt das Gewebe ab, und die betroffenen Körperteile müssen amputiert werden.

Ein Hochlager von heute mit modernen Zelten

Unter dem Nordsattel leistet Mallory Schwerstarbeit: Er schlägt mit seinem Eispickel 500 Stufen ins Eis. Als sie den Nordsattel endlich erreichen, zwingt ein wütender Sturmwind die Männer in die Knie. Heftige Böen wirbeln mit unvorstellbarer Wucht pulvrigen Schnee durch die Luft. Tief gebückt kämpfen sie sich durch die bittere Kälte vorwärts. Ein kolossaler Kraftakt. Schließlich sehen sie ein: Wenn sie mit dem Leben davonkommen wollen, müssen sie umkehren. Sofort. Auf etwa 7 000 Metern geben sie auf.

„Im nächsten Jahr gehe ich nicht mit", schreibt Mallory danach an seine Schwester Avie, „nicht für alles Gold Arabiens." Aber schon nach drei Monaten bricht er wieder auf.

Im Frühjahr 1922 startet die zweite Expedition zum Everest. Wieder dauert die Anreise monatelang. Mallory vermisst seine Familie. Durch seine herausragende Leistung während der ersten Expedition braucht man jedoch keine weitere Zeit für Erkundungen zu vergeuden. Sobald die unteren Lager mit dem Nötigsten eingerichtet sind, kommt es zum ersten Gipfelversuch. Nach wenigen Tagen hat Mallory mit drei anderen Bergsteigern den Nordsattel erreicht. Ab da betreten sie Neuland. Die dünne Luft macht die Männer benommen, die Kälte zieht durch Mark und Bein, erste Erfrierungen an Zehen, Fingern und Ohren quälen sie.

Auf 7 600 Metern errichten sie zwei Zelte am Nordgrat. Sie stehen so schief, dass man darin kaum zur Ruhe finden kann.

Nach einer schlaflosen Nacht kämpfen sie sich am nächsten Morgen über steile, verschneite, tückische Schieferplatten weiter hoch. Quälend langsam geht es voran. Manchmal müssen sie anhalten, die Stiefel auszuziehen und ihre Füße massieren, damit sie nicht erfrieren. Bald wird klar: Den Gipfel können sie frühestens bei Nacht erreichen. Auf 8 120 Metern nehmen sie einen kräftigen Schluck aus einer Flasche Brandy und essen ein wenig Schokolade. Dann steigen sie ab. Schließlich sind sie nicht so lebensmüde, sich nachts diesem unberechenbaren Berg auszuliefern. „Wir wollen es mutigeren Männern überlassen, den Everest bei Nacht zu ersteigen", schrieb Mallory ins Expeditionsbuch.

Ein zweites Team dieser Expedition setzt erstmals Flaschensauerstoff ein und erreicht damit eine neue Rekordhöhe von 8 320 Metern. Mallory, der dem Einsatz von künstlichem Sauerstoff zunächst ablehnend gegenüberstand, erkennt die Vorteile der Atemhilfe.

Die Männer fassen neuen Mut. Doch dann ereignet sich am Ende der Expedition ein tragischer Unfall, für den sich Mallory persönlich verantwortlich fühlt. Am 7. Juni 1922 führt er eine Gruppe mit 14 Trägern zu dem mit Unmengen von Neuschnee bedeckten Nordsattel. Plötzlich ein Knall – dumpf und durchdringend. 30 Meter über ihnen löst sich eine Lawine und reißt sieben Träger in den Tod. Mallory ist erschüttert, der Vorfall nagt an ihm. „Mich trifft die volle Schuld. Kennst du das zermürbende Gefühl, wenn einem bewusst ist, dass man einen Fehler nicht ungeschehen machen kann?", schreibt er an einen Freund.

Spätestens da ist die Sache zwischen dem Engländer und dem Everest zu einer persönlichen Angelegenheit geworden.

So bricht er 1924 zum dritten Mal zum Mount Everest auf, obwohl ihn schlimme Vorahnungen quälen: „Das wird eher ein Krieg sein als ein Abenteuer. Ich rechne nicht damit, zurückzukommen", vertraut er einem Freund an. Und geht dennoch. Es wäre schlimm für Mallory gewesen, wenn er nach allen Strapazen, die er hinter sich hat, hätte zusenden müssen, wie ein anderer den Gipfel erreicht. Er ist mit Leib und Seele Bergsteiger, er kann nicht anders, er muss zurück zum Everest.

> **Auf ein Abenteuer zu verzichten heißt zu riskieren, wie eine Erbse in der Schote zu vertrocknen.**
> George Mallory

Eines der ersten Sauerstoffgeräte aus dem Jahr 1922: ein Monster aus Stahl

Sauerstoffgeräte

Die Luft über 8 000 Metern ist sehr dünn. Bei jedem Schritt muss man bis zu zehnmal ein- und ausatmen. Die Fortbewegung ist so anstrengend, dass man selbst im Schneckentempo alle 20 Schritte ausruhen muss. Schneller kommt man voran, wenn man Atemgeräte mit zusätzlichem Sauerstoff mitnimmt. Damit wird die Atemluft mit Sauerstoff angereichert – der Effekt ist so, als wäre der Mount Everest weniger hoch. Mallory und Irvine setzten bei ihrem Gipfelversuch 1924 Sauerstoffgeräte ein, die unzuverlässig und zudem sehr schwer waren. Sie wogen zwischen neun und 13 Kilogramm. Ein modernes Sauerstoffgerät wiegt nur etwa fünf bis sieben Kilo. Etwa 100 Bergsteigern ist es bislang gelungen, den Everest ohne Sauerstoffhilfe zu besteigen. Den Anfang machten Reinhold Messner und Peter Habeler im Jahr 1978 – damals eine Sensation, die kaum jemand für möglich gehalten hätte.

> **Verpflegung der Pioniere**
>
> Die englischen Bergsteigerpioniere ließen sich's gut gehen: Auf der Bestellliste standen 60 Dosen Wachteln in Leberpastete, 300 Pfund Schinken und 50 Flaschen Champagner. Solche Delikatessen wirken übertrieben, sorgen aber auf einer langen Expedition für gute Stimmung. Neben Reis, Kartoffeln, Fleisch und Gemüse aus Tibet wurde für die Hochlager Proviant in Konservendosen mitgenommen, darunter Pemmikan, eine nahrhafte Paste aus Fleisch, Fett und Gewürzen, oder fertige Gerichte wie Spaghetti oder Suppen. Weiterer Proviant war Tee, Kakao, Milchkaffee in Dosen, Marmelade, Süßigkeiten, Trockenfrüchte, Nüsse und Käse.

Auch seine Familie muss für Mallorys Entscheidung, ein drittes Mal zum Mount Everest zu fahren, Opfer auf sich nehmen. Das Geld ist knapp geworden. Sie wohnen in einem schönen Haus, aber können es sich nicht mehr leisten, es zu heizen. Im Winter sparen sie an Kohlen. Alle Kinder sind ständig erkältet. Das Schlimmste ist aber natürlich, dass der Vater schon wieder abwesend ist. Sie vermissen ihn schrecklich. Mallorys Frau nimmt es besonders schwer.

Am 28. April 1924 kommt die Expedition im oberen Rongbuk-Tal an der Nordseite des Mount Everest an und errichtet ihr Basislager. Das Wetter ist grauenhaft, außergewöhnlich schlecht für diese Jahreszeit.

Und es kommt noch schlimmer: Ein Schneesturm, der mit Orkanstärke über die Grate fegt, hindert sie an den notwendigen Vorbereitungen. Es ist völlig aussichtslos, Zwischenlager in den höheren Regionen einzurichten. Temperaturen von minus 30 Grad und der nicht nachlassende Sturm machen ihnen Tag für Tag einen Strich durch die Rechnung. Die Expeditionsteilnehmer magern ab, sind mutlos, krank und zermürbt und kommen keinen Schritt voran.

> **Saumäßiger Morgen, leichter Schneefall, sehr kalt, fühle mich beschissen.**
> Andrew Irvine, Tagebucheintragung

Lager II der Expedition von 1922. Es ist von meterhohen Eistürmen umgeben – ein ungemütlicher Zeltplatz.

> **M**ein liebes Mädchen, das war bis jetzt keine gute Zeit. Ich habe unsägliche Mühe und Erschöpfung hinter mir, und wenn ich zum Zelt herausschaue, blicke ich in eine Welt aus Schnee und schwindenden Hoffnungen. Und doch, und doch, und doch …
>
> George Mallory am 27. Mai in seinem letzten Brief an seine Frau Ruth

Mallory weiß, dass dies seine unwiederbringlich letzte Expedition zum Mount Everest ist. Er muss für seine Familie sorgen und will sie nicht noch einmal so lang allein lassen. Und mit seinen 38 Jahren ist er auch langsam zu alt für solche extreme Unternehmungen. Es ist seine letzte Chance, den Berg zu bezwingen, zu Ende zu bringen, was er angefangen hat, und womöglich als Legende in die Geschichte einzugehen. Und ausgerechnet jetzt läuft ihm die Zeit weg. Wenn Anfang Juni der Monsun einsetzt, wird die Expedition abgebrochen, und all seine Entbehrungen waren umsonst.

Endlich, am 17. Mai, klart das Wetter doch noch auf. Sie können anfangen, die Hochlager auszurüsten.

Am ersten Juni steigen George Mallory und Geoffrey Bruce mit acht Trägern den langen Nordgrat empor. Andrew Irvine, der Jüngste im Team, darf nicht mit, und das schmeckt ihm überhaupt nicht. „Fühle mich topfit. Statt als verdammte Reserve unten zu bleiben, wäre ich viel lieber in der ersten Seilschaft mit aufgestiegen", schreibt er missmutig in sein Tagebuch.

Kaum haben Mallory und Bruce das Lager hinter sich gelassen, wird die Gruppe von einem wütenden Sturm gepeitscht, der von Westen über den Grat heult. Trotzdem kämpfen sie sich Me-

Edward Norton am Nordgrat auf 8 100 Metern Höhe. Im Hintergrund die Gipfelpyramide

❓ Höhenkrankheit

Ab 2 000 Metern Höhe nimmt die Sauerstoffdichte der Luft beständig ab, auf dem Gipfel beträgt sie nur noch 32 Prozent. Jeder Mensch reagiert unterschiedlich auf diese dünne Luft. Viele verspüren Kopfschmerzen, Konzentrationsstörungen, Verwirrtheit, Schlaflosigkeit oder Schwindelgefühl. Manche müssen sich erbrechen. Einige erleben, dass die Lunge anfängt zu schmerzen. Beim Husten kommt Blut. Häufig sind die Augen blutunterlaufen, und man sieht unscharf. Atemnot und Kopfschmerzen sind die ersten Anzeichen der Höhenkrankheit – dann hilft nur eines: absteigen in Bereiche, wo mehr Sauerstoff ist.

Die Bergsteiger mit den Sherpas auf dem Nordsattel, müde und erschöpft nach dem erfolglosen Gipfelversuch

Die Sonne blendet vom Schnee reflektiert so stark, dass es ohne schützende Sonnenbrillen zu vorübergehender Blindheit führen kann. Schneeblindheit ist sehr schmerzhaft, hält aber meist nur wenige Tage an.

ter um Meter weiter voran, bis die Träger schließlich völlig am Ende sind. Vier Sherpas lassen ihr Gepäck fallen und kehren um. Auf 7710 Metern errichten die übrigen unter unvorstellbaren Mühen Lager V. Am nächsten Tag geht gar nichts mehr. Geoffrey Bruce hat sich so verausgabt, dass er Herzprobleme hat. Der Angriff auf den Gipfel muss wieder einmal abgeblasen werden. Enttäuscht macht sich Mallory mit ihm an den Abstieg.

Zwei Tage später scheitert auch der andere Gipfelversuch der Expedition, ausgeführt von Expeditionsleiter Edward Norton und Howard Somervell, auf einer Rekordhöhe von 8573 Metern – ohne zusätzlichen Sauerstoff. Eine Rekordmarke, die 54 Jahre kein anderer Bergsteiger ohne Sauerstoffgerät überbieten kann. Wieder war Irvine nicht mit dabei. Während er auf die Rückkehr der beiden wartet, notiert er in sein Tagebuch: „Ich hoffe, sie haben es bis zum Gipfel geschafft. Aber, bei Gott, ich wünschte, ich könnt es selbst auch mal versuchen."

Aber auch Norton und Somervell schaffen es nicht bis zum Gipfel. Zu Tode erschöpft schleppen sie sich zurück ins Lager. Norton, der leichtsinnigerweise beim Aufstieg seine Schneebrille abgenommen hat, ist danach schneeblind. Er versucht in einem abgedunkelten Zelt wieder zu Kräften zu kommen.

Die Everest-Expedition von 1924 ist damit gescheitert. Die Monsunzeit steht bevor, das Team muss die Zelte abbrechen und nach England zurückkehren. In dieser Situation entschließt sich George Mallory zu einem letzten, einem allerletzten Versuch, dieses Mal mit Andrew Irvine.

Als Mallory ihm sagt, dass er beim nächsten Versuch mit von der Partie ist, kann Irvine sein Glück kaum fassen. Er freut sich auf seine Gipfelchance wie ein kleiner Junge. Im Gegensatz zu dem Träumer Mallory ist Irvine eher praktisch veranlagt. Seine Bastelleidenschaft kommt der Expedition von 1924 sehr zugute. Irvines Meisterstück: Er konstruiert aus Seilen und Zeltpflöcken eine Strickleiter, mit der man Eiskamine leichter durchsteigen kann.

Die empfindlichen Ventile und Zuleitungen der unzuverlässigen Sauerstoffgeräte kann er inzwischen wie im Schlaf reparieren. Er hat die Sauerstoffgeräte während der letzten Wochen stark verbessert und, was besonders wichtig ist, leichter gemacht. Sie wiegen jetzt „nur" noch bis zu 13 Kilo und sind viel zuverlässiger geworden. Autos, sein Motorrad, technische Geräte – Irvine ist stets eifrig am Tüfteln, um eine Konstruktion zu verbessern. Er hat das Zeug zum Erfinder. Wo immer er sich aufhält, sieht es ganz schnell aus wie in einer Werkstatt. In den Zelten, die er am Mount Everest bewohnt, ist das nicht anders. Drähte, Werkzeuge, Ersatzteile – wo Irvine ist, wird geschraubt und gebastelt.

Rechtschreibung und Literatur sind dagegen überhaupt nicht seine Sache. Seine Briefe strotzen nur so von Schreibfehlern. Auch in Fremdsprachen ist er kein großes Licht. Kein einziges Wort kann er mit den Trägern der Expedition wechseln. Aber dennoch versteht er sich mit ihnen blendend, stellen die anderen Expeditions-

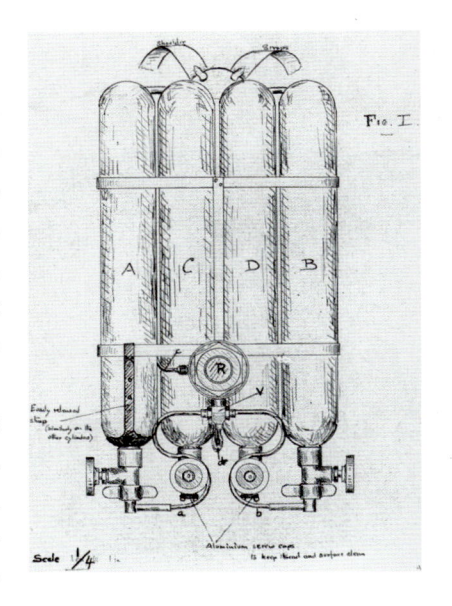

> **Es wird ein großartiger Triumph, wenn es mein zusammengebasteltes Sauerstoffgerät bis auf den Gipfel schafft. Hoffentlich tut es das.**
> Andrew Irvine

Andrew Irvine bei seiner Lieblingsbeschäftigung: Basteln an den Sauerstoffgeräten. Immer wieder zeichnet er neue Konstruktionen. Die Zeichnung oben stammt von ihm.

❓ Irvines Tagebuch

Aus Irvines Tagebuch lässt sich ablesen, wie oft die Expeditionsteilnehmer von seinem handwerklichen Können profitierten. Anfang April schreibt er seiner Mutter: „Mein Werkzeugkasten ist sein Gewicht in Gold wert! Alle bringen mir Sachen zur Reparatur". Aus dem Tagebuch:

11. April: Habe Mallorys Feldbett repariert, Beethams Kameras, Odells Stativ und eine volle Dose Paraffin versiegelt.

12. April: Den Tag im Lager verbracht, ein paar Fotos geschossen, Gebäckschachteln sortiert und an Mallorys Kamera herumgedoktert, was mich den ganzen Nachmittag gekostet hat.

19. April: Einen von Mallorys Eispickeln repariert.

27. April: Ich war bis zum Abendessen damit beschäftigt, die Steigeisen Mallorys und meinen Stiefeln anzupassen und eine Art der Befestigung auszutüfteln, bei der man keinen Riemen über die Zehen spannen muss, was nämlich die Durchblutung hemmen könnte.

mitglieder verwundert fest. Sandy, wie er wegen seines Blondschopfs und seiner hellen Haut genannt wird, ist auch ohne große Worte sehr kameradschaftlich.

Zu Hause in England gilt Andrew Irvine als überragender Sportler. Wenn er bei einem Wettkampf antritt, dann um zu siegen. Zwei Wochen nachdem er zum ersten Mal auf Skiern steht, gewinnt er gleich ein Rennen. Seine große Leidenschaft ist jedoch das Rudern. Sensationell erfolgreich ist sein College-Team. Nach jedem Sieg wird gefeiert bis zum Umfallen. Die Mädchen finden ihn toll. Irvine genießt sein Leben in vollen Zügen. Und am Mount Everest will er auch siegen, sonst wäre er gar nicht erst hingefahren. Diese Chance, die Mallory ihm jetzt bietet, die will er nutzen. Er will auf den Gipfel. Unbedingt. Wen stört es, dass er über wenig Erfahrung als Bergsteiger verfügt? Ihn selbst am allerwenigsten. Er wird das Ding schon schaukeln.

Als Mallory und Irvine sich für den Gipfelversuch bereitmachen, drückt ihnen der Expeditionsleiter Norton die Hände und wünscht ihnen Glück. Und dann verschwinden Mallory und Irvine aus den Blicken ihrer Kameraden. Immer höher gehen sie, dem blauen Himmel entgegen. Odell bekommt sie noch einmal kurz zu sehen. Aber was danach geschieht, bleibt viele Jahre hinter einem undurchdringlichen Nebelschleier verborgen.

Links: Sandy Irvine mit Freunden im Sommer 1922

Rechts: Der begeisterte Skifahrer 1923 in der Schweiz

3 Der Detektiv

>>> **Der Schock, den der Tod von** Mallory und Irvine in England auslöst, sitzt tief. Was ist passiert an diesem 8. Juni 1924? Wenn vom Mount Everest gesprochen wird, dann kommt immer auch diese Frage auf. Mallory und Irvine werden so etwas wie die Geister dieses Berges.

Als es neun Jahre später zur nächsten britischen Everest-Expedition kommt, halten die Mitglieder Ausschau nach Spuren von den beiden Männern. Und tatsächlich findet sich an einer abschüssigen Stelle auf 8450 Metern eine erste Spur der Bergsteiger: Andrew Irvines Eispickel.

Wie ist dieses Fundstück einzuordnen? Fand dort, wo der Pickel lag, der tödliche Absturz statt? Sollte man an dieser Stelle mit der Suche nach den beiden ansetzen? Oder hatte Irvine seinen Eispickel an dieser Stelle absichtlich abgelegt, weil er ihn auf dem felsigen Gelände nur behindert hätte?

Der spannendste Hinweis kommt erst, über 40 Jahre später, 1979 aus Japan. Yoshinori Hasegawa, Teilnehmer einer chinesisch-japanischen Expedition, kommt mit einem chinesischen Bergsteiger namens Wang Hongbao ins Gespräch. Dieser berichtet ihm, er habe vier Jahre zuvor, also 1975, während einer chinesischen Expedition von dem damaligen Lager VI auf 8100 Metern aus einen kurzen Alleingang unternommen. Dabei sei er nach wenigen Minuten auf einen „alten englischen Toten" gestoßen. Die Verständigung ist sehr mühselig: Wang, der kein Japanisch spricht, erklärt mit Gesten, dass die Kleidung des Toten zu Staub zerfallen und vom Wind verweht gewesen sei. Der Japaner fragt mehrmals nach. Wirklich: ein alter Engländer? Er ritzt das japanische Schriftzeichen für das Wort „Engländer" und das Zeichen für die Zahl „8100 Meter" in den Schnee und sieht den Chinesen fragend an.

> **? Neun Jahre bis zur nächsten Expedition**
>
> Die Tibeter waren empört, als sie hörten, dass die Engländer tibetische Mönche in verschiedenen Kinos in England Tänze aufführen und Zeremonien durchführen ließen, um Reklame für den Kinofilm über die Expedition von 1924 zu machen. Zudem ärgerten sie sich über eine ungenehmigte Exkursion, die von dem englischen Landvermesser John Hazard durchgeführt worden war. Viel diplomatisches Geschick war nötig, bis die tibetischen Behörden die nächste Genehmigung zur Besteigung des Mount Everest erteilten.

Eispickel

Ein Eispickel besteht aus dem Schaft, der Pickelspitze, der Schaufel und der Haue. Er dient dem Bergsteiger als Gehunterstützung auf Fels, Schnee und Eis, zum Austesten der Schneeauflage über Gletscherspalten, zum Klettern im Eis, zum Stufenschlagen im Eis, zum Abbremsen eines Sturzes auf Schnee oder Firn und als Anker zur Bergung von in Gletscherspalten gefallenen Bergsteigern.
Bei heute verwendeten Eispickeln besteht der Schaft aus Aluminium oder Stahl; Haue und Schaufel werden aus legierten Stählen gefertigt.

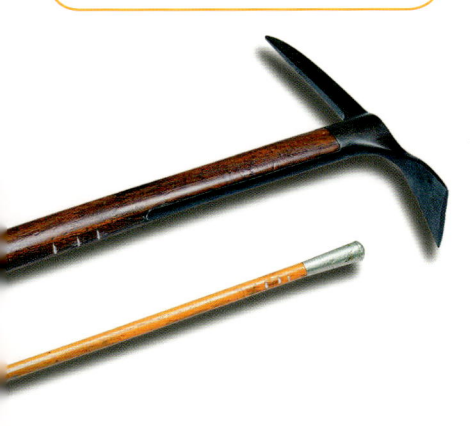

Mit Bedauern müssen wir mitteilen, dass drei Chinesen durch eine Schneelawine ums Leben kamen. Unter ihnen auch Mr. Wang. Mr. Hasegawa sagt, dass Wang ehrlich und glaubwürdig, aber eher wortkarg war. Er bedauert, dass er ihn nicht nach weiteren Einzelheiten befragt hat.

Japanischer Alpin-Club

Bei diesen Worten sind japanische und chinesische Schriftzeichen fast gleich. Der Chinese nickt bejahend, als er liest, was der Japaner da geschrieben hat. Immer wieder wiederholt Wang: „English, english!" Hasegawa erkennt, dass es sich bei dem Toten nur um Irvine oder Mallory handeln kann. Aber bevor er den Chinesen anderntags bitten kann, ihn zu dem Leichnam zu führen, geschieht ein tragischer Unfall: Wang wird von einer Lawine in den Tod gerissen.

Wo genau lag das Lager, von dem aus der verunglückte Chinese aufgebrochen war? Wenn man das wüsste, hätte man einen Anhaltspunkt für eine Suche nach Mallory und Irvine. Wenn man die beiden fände, würde man womöglich endlich erfahren, ob sie auf dem Gipfel waren. Denn die beiden Engländer hatten eine Kamera dabei. Wenn sie auf dem Gipfel waren, dann haben sie mit Sicherheit ein Foto gemacht. Und den Film in dieser Kamera könnte man heute noch entwickeln.

Als diese Information aus Japan bekannt wird, kommt es 1986 zu einer gezielten Suchexpedition am Mount Everest, die aber keine weiteren Erkenntnisse zutage fördert.

Drei parallele Kerben sind in den Holzschaft eingeschnitten: Andrew Irvines Markierung!

„8100 Meter – Toter Engländer" in japanischen Schriftzeichen

8100米
英国人死体

Weitere Beobachtungen von Bergsteigern aus allen Ländern der Welt kommen hinzu. So wird 1991 auf 8 475 Metern am Nordost-Grat eine alte Sauerstoffflasche gefunden. Handelt es sich um eine aus Mallorys und Irvines Vorrat? Dann wären sie bis zu diesem Punkt gelangt. Aber was passierte danach?

Keiner versteht es, die verwirrenden Teile des Puzzles zusammenzufügen. Was fehlt, ist eine Person, die sich wie ein Detektiv der Geschichte annimmt. Eine Person, der das geheimnisvolle Verschwinden der beiden Bergsteigerpioniere einfach keine Ruhe lässt. Eine Person, die eine neue Suchexpedition zum Mount Everest führt, damit es endlich eine Antwort auf die spannende Frage gibt: Waren Mallory und Irvine die Erstbesteiger des höchsten Berges der Welt? Und was ist mit ihnen geschehen?

Zu diesem Detektiv wurde der Deutsche Jochen Hemmleb.

Jochen ist sieben Jahre alt, da erzählt ihm sein Vater zum ersten Mal von Mallory und Irvine. Der Vater ist ein begeisterter Bergsteiger. Schon früh nimmt er Jochen auf ausgedehnte Klettertouren in den Alpen mit. Zu Hause hat er eine kleine Bibliothek mit Büchern über die Bergsteigerei. Warum sich Jochen schon als Siebenjähriger ganz besonders für die Geschichte der im Nebel verschwundenen Engländer interessiert? Es ist wie ein Krimi – aber dieser hier ist echt! Mallory und Irvine! Jochen löchert seinen Vater mit Fragen über alles, was man über die beiden Männer weiß. Sein Vater zeigt ihm auf der Weltkarte, wo sich der Mount Everest befindet und welche Route Mallory und Irvine zum Gipfel genommen haben.

Mit seinen kleinen Fingern fährt der Junge die gestrichelte Linie entlang, die von Tibet über den Nordsattel zum Gipfel führt. „Lager VI – Nordost-Grat – erste Felsstufe – zweite Felsstufe – Gipfelpyramide", zählt Jochen die Stationen von Mallorys und Irvines Gipfelanstieg am 8. Juni 1924 auf. Schon bald kennt er sie in- und auswendig.

Irgendwo auf dieser Route sind die beiden Männer verunglückt.

Jochen mit vier Jahren auf seinem ersten Gipfel. Mit 11 Jahren macht er die erste Gletschertour – mit Steigeisen an den Füßen.

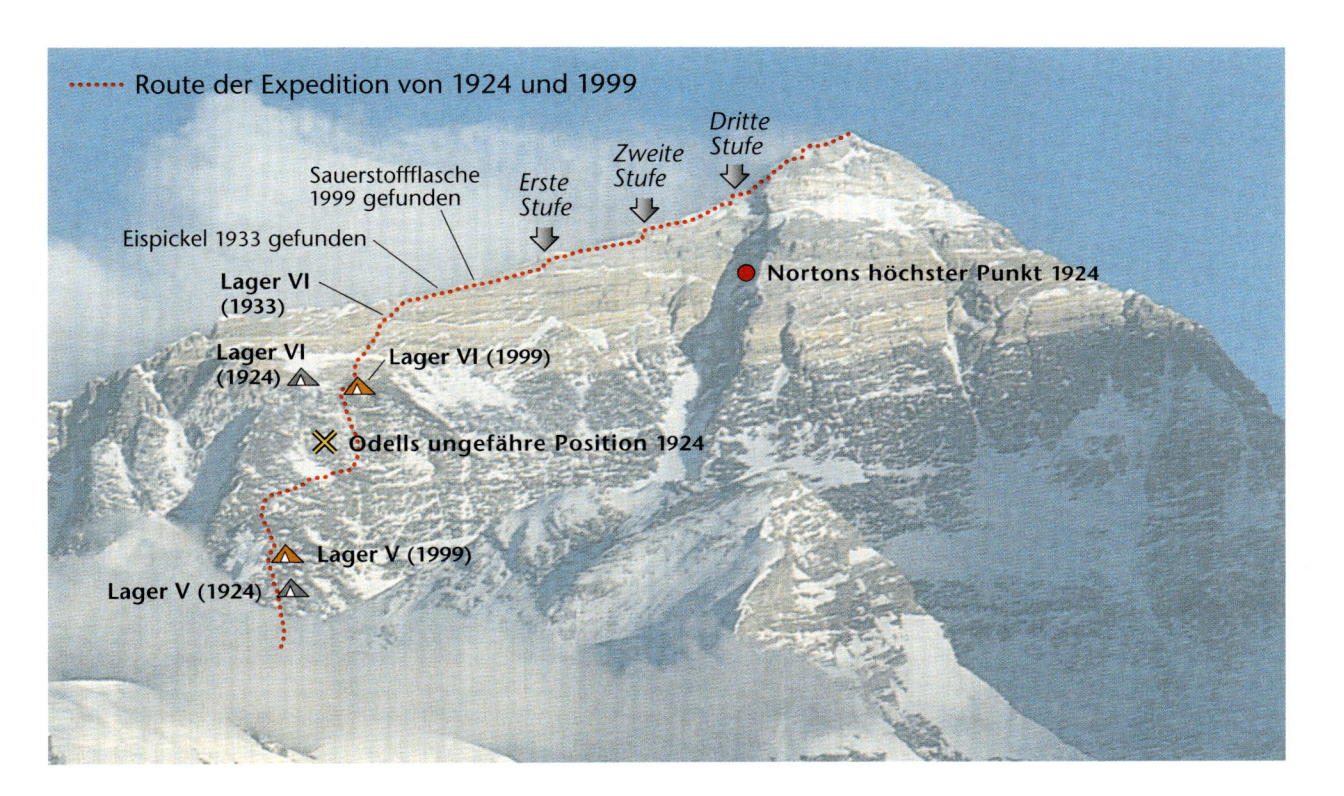

Route der Expedition von 1924 und 1999

Dritte Stufe
Zweite Stufe
Erste Stufe
Sauerstoffflasche 1999 gefunden
Eispickel 1933 gefunden
Lager VI (1933)
Lager VI (1924)
Lager VI (1999)
Nortons höchster Punkt 1924
Odells ungefähre Position 1924
Lager V (1999)
Lager V (1924)

Nordroute zum Gipfel des Mount Everest

Man kann den Mount Everest von der Nordseite, also aus Tibet, oder vom Süden, von Nepal her, besteigen. Mallory und Irvine nahmen den Mount Everest von der Nordseite her in Angriff. Diese Route beginnt im Rongbuk-Tal mit einem Basislager in etwa 5 200 Metern Höhe. Mit Yaks werden von dort die Vorräte und Ausrüstungsgegenstände weiter durch das Tal des östlichen Rongbuk-Gletschers in das Vorgeschobene Basislager am Fuß der Nordsattel-Wand transportiert. Dann führt die Route über einen vergletscherten Steilhang hinauf auf den Nordsattel (North Col) auf 7 066 Meter Höhe. Der Aufstieg zum Gipfel erfolgt schließlich über den Nord-Grat und den Nordost-Grat. Hier werden in 7 800 und 8 200 Metern Höhe zwei weitere Lager errichtet. Das schwierigste Hindernis der ganzen Route ist die mittlere der drei Felsstufen („Second Step" oder auch „Zweite Felsstufe") auf 8 605 Metern auf dem Nordost-Grat. Sie ist 40 Meter hoch und auf den letzten fünf Metern senkrecht bis leicht überhängend. Diese „Zweite Felsstufe" konnte man früher nur meistern, wenn man das Wandklettern in Vollendung beherrschte. 1975 wurde von den Chinesen an dieser Stelle eine Leiter angebracht, die über das schwierigste Stück hinweghilft. Nach der „Zweiten Felsstufe" führt die Route über die steile Gipfelpyramide und schließlich einen schmalen Grat zum Gipfel hinauf.

Steckbrief Jochen Hemmleb

Jochen Hemmleb wurde am 13. August 1971 in Bad Homburg geboren. Seit seinem 10. Lebensjahr ist er ein begeisterter Bergsteiger.
Seit **1988** Aufbau des „Everest-Archivs" zur Besteigungsgeschichte der Everest-Nordseite und des Geheimnisses um Mallory und Irvine. I Nach Abitur (**1991**) und Zivildienst in Bad Homburg Studium der Geologie an der Johann Wolfgang Goethe-Universität, Frankfurt am Main. Abschluss als Diplom-Geologe. I **1999** Co-Initiator und Teilnehmer der „Mallory & Irvine Research Expedition" zum Mount Everest. I **2001** Co-Initiator und Teilnehmer der zweiten Mallory & Irvine Research Expedition I **2004** Nanga Parbat History Research Project auf der Suche nach Spuren alter Expeditionen am neunthöchsten Berg der Welt I Zurzeit freier Autor, Fachberater und Vortragsredner im Bereich Alpinhistorik

Den entscheidenden Kick, dem Geheimnis von Mallory und Irvine auf den Grund zu gehen, bekommt Jochen mit 16 Jahren. Da schenken ihm seine Eltern ein Buch über die beiden Bergsteiger-Pioniere. Jochen Hemmleb verschlingt dieses Buch in einem Zug, und als er es zuklappt, fragt er sich: Ist es möglich, das Rätsel um Mallory und Irvine heute noch zu lösen? Diese Frage lässt ihn nicht mehr los.

Er fängt an, alles über die Verschollenen zu sammeln, was er kriegen kann, legt ein regelrechtes „Mount-Everest-Archiv" an. Systematisch bringt er in Erfahrung, wer wann über Mallorys Route zur Gipfelpyramide vorgestoßen ist und was für Beobachtungen die verschiedenen Expeditionen dabei machten. Er sammelt Zeitungsartikel und Augenzeugenberichte, schreibt an Bergsteiger auf der ganzen Welt. Besonders versessen ist er auf Fotografien von Hochlagern an der Nordseite des Mount Everest, da sie in der Region liegen, in der der „englische Tote" von dem chinesischen Bergsteiger Wang Hongbao gesichtet wurde. Dann macht er sich an die mühevolle Aufgabe, das vorhandene Material zu ordnen.

Er fängt bei null an, betrachtet nur die Fakten und versucht zu vergessen, was andere Menschen für Schlussfolgerungen aus ihnen gezogen haben. Eine Zeit lang verfolgt er die Idee, dass Mallory und

> **Ich habe immer gewusst, dass ich nur die Puzzleteile richtig zusammenfügen muss, um das Geheimnis zu lösen.**
> Jochen Hemmleb

Irvine möglicherweise über eine ganz andere Route zum Gipfel aufgestiegen sind, als bislang angenommen. Davon kommt er aber wieder ab. Bei anderen Überlegungen dagegen liegt er goldrichtig, wie sich später zeigen wird. Dass nämlich das chinesische Hochlager, von dem Wang Hongbao zu seinem Alleingang aufbrach, abseits der heutigen Routen liegt. Deshalb also hatte niemand den „englischen Toten" wiedergefunden. Je mehr er erfährt, desto mehr ist er gepackt. Er macht sein Abitur und wählt dann als Studienfach Geologie. Da kann er Bergsteigerei und Beruf miteinander verbinden, kann den Fragen nach den Bedingungen am Mount Everest am besten auf den Grund gehen.

Seinen Klassenkameraden und später seinen Studienkollegen kommt Jochen Hemmleb reichlich sonderbar vor. Sie können nicht begreifen, was an zwei Toten auf der anderen Seite der Welt so interessant sein soll. Manche halten ihn für einen Spinner. Das nimmt er ihnen noch nicht mal übel. Er kann ja selbst nicht verstehen, warum er sich so brennend für jedes Detail des geheimnisvollen Verschwindens der beiden Engländer interessiert. Es ist einfach so. Er kann nicht davon ablassen. Seine Eltern, besonders sein Vater, unterstützen ihn. Mit ihm, dem leidenschaftlichen Bergsteiger, diskutiert Jochen stundenlang die Geschichte von Mallory und Irvine. Das Rätsel fesselt Jochen auf eine Weise, die einer Besessenheit ziemlich nahe kommt. Immer wieder geht er die verschiedenen Möglichkeiten, was mit Mallory und Irvine passiert sein könnte, durch. „Was wäre, wenn", heißt das Spiel, das er mit sich selbst spielt. Jede mögliche Variante überlegt er sich. Inzwischen glaubt er fest daran, dass man das Geheimnis auch nach so vielen Jahren noch lösen kann. Und ein Wunsch beginnt in ihm zu wachsen: „Dabei sein, wenn eines Tages wieder eine Expedition loszieht, um nach den beiden zu suchen!"

Jochen Hemmleb fotografiert den Blick vom Nordsattel des Mount Everest. 75 Jahre früher stand Mallory an gleicher Stelle.

4   Die wichtigste Spur

>>> **Herbst 1997.** Inzwischen ist Jochen Hemmleb 26 Jahre alt und dem Geheimnis des Mount Everest mit unverminderter Besessenheit auf der Spur. Bei seinen Recherchen kommt er immer wieder auf die Zeugenaussage des chinesischen Bergsteigers Wang Hongbao zurück, der 1975 einen „alten englischen Toten" gesehen haben will. Findet man das Lager, hat man gute Chancen, diesen Toten zu finden. Jochen Hemmleb ist es gelungen, das einzige Foto, das es von diesem chinesischen Hochlager gibt, in die Hände zu bekommen. Das ist seine wichtigste Fährte.

Indem er sich an markanten Stellen im leicht unscharfen Hintergrund des Bildes orientiert und diese mit den genauesten Karten, die es von der Nordflanke des Mount Everest gibt, vergleicht, versucht Jochen Hemmleb herauszuarbeiten, wo sich das chinesische Hochlager von 1975 befunden haben muss. Bei seinem Studium der

1975 stiegen die Chinesen über Mallorys Route zum Gipfel auf. Mit im Expeditionsgepäck: die rote Fahne der kommunistischen Partei

Geologie an der Frankfurter Goethe Universität hat er Techniken gelernt, den Berg zu „lesen". Er ist jetzt in der Lage, streng wissenschaftlich vorzugehen, kann Rückschlüsse aus Luftbildern und Landschaftsaufnahmen ziehen. Das hilft ihm enorm, denn die Höhenangaben, die die Chinesische Bergsteigervereinigung über das Lager gemacht hat, sind viel zu ungenau.

Jochen wendet die erlernten Methoden systematisch auf das Foto des chinesischen Lagers an. Er verbindet zwei senkrecht übereinanderstehende Landschaftspunkte auf dem Foto. Als Nächstes versucht er, diese Landschaftspunkte auf der Landkarte und den Luftbildern wiederzufinden. Nachdem ihm das gelungen ist, verbindet er beide Punkte zu einer Sichtlinie. Mit anderen Punktepaaren konstruiert er weitere Sichtlinien. Der Fotograf und somit das Lager, in dem das Foto aufgenommen wurde, befinden sich im Schnittpunkt aller Sichtlinien. Was hier so leicht und einfach klingt, ist eine komplizierte Arbeit, die viel Zeit in Anspruch nimmt. Für die Arbeit an den Sichtlinien benutzt er neben dem Foto des chinesischen Lagers ein Luftbild der Everest-Nordseite im Maßstab 1:10 000, eine Höhenlinien-Karte im selben Maßstab sowie Lineal und Lupe.

Nach wochenlanger Tüftelei wird seine Mühe belohnt: Er ist dem Geheimnis auf der Spur. Ich weiß jetzt auf 30 Meter genau, wo das chinesische Hochlager von 1975 war!, durchzuckt es ihn. Und damit weiß er, wo der „englische Tote" liegt. Das Suchgebiet, das er herausgearbeitet hat, liegt genau unterhalb des Fundortes von Andrew Irvines Eispickel. Kennzeichnet der Eispickel den Ort des Absturzes, kann der „englische Tote" eigentlich kein anderer als Andrew Comyn Irvine sein. Das Rätsel kann endlich gelöst werden.

Lange grübelt Jochen über sein weiteres Vorgehen nach. Eine Sache steht für ihn fest: Er muss mit einer Suchexpedition zum höchsten Berg der Welt. Daran führt kein Weg vorbei.

Vieles spricht dagegen, dass er diesen Traum verwirklichen kann. Erstens: Er hat kein Geld. Wer würde einem „Nobody" eine Suchexpedition zum Mount Everest finanzieren, die, so schätzt er, mindestens 300 000 US-Dollar kostet? Zweitens: Er ist kein Extrembergsteiger. Vor der Todeszone in über 7 500 Metern Höhe – und genau dort liegt Irvine – hat er einen Mordsrespekt. Drittens: Er ist ein unbekannter Student. Welche erfahrenen Bergsteiger würden sich unter seiner Leitung auf die lebensgefährliche Suche machen?

Und doch spricht auch etwas dafür, dass er zum Mount Everest fährt: sein Wissen. Das ist seine Trumpfkarte. Seine einzige.

> ### Der „alte englische Tote"
> 1950 besetzten die Chinesen Tibet. Ab diesem Zeitpunkt war die Nordroute zum Mount Everest für Bergsteiger aus dem Westen gesperrt. Sie konnten nur noch über die Südroute von Nepal her aufsteigen. Jochen Hemmleb wusste also mit 100 prozentiger Sicherheit, dass der „alte englische Tote" nur Mallory oder Irvine sein konnte, da kein anderer westlicher Bergsteiger vor 1975 auf der Nordroute in dieser Höhe ums Leben gekommen war.

Schließlich setzt sich Jochen Hemmleb an seinen Computer und schreibt auf Englisch einen Bericht über seine neuen Erkenntnisse. Diesen Bericht stellt er noch am gleichen Tag ins Internet, und zwar auf eine Website, die von Bergsteigern gern besucht wird: *www.everestnews.com*.

„Gibt es Interesse, eine Suche nach Mallory und Irvine durchzuführen?", fragt er am Ende des Berichts. „Meldet Euch bei mir!" Und dann wartet er auf Reaktionen. Täglich sieht er in seinem Postfach im Computer nach.

Ein halbes Jahr später, am 2. Juni 1998, bekommt Jochen Hemmleb eine E-Mail von einem Amerikaner namens Larry Johnson, der sich seit Jahren ähnlich wie Hemmleb für das Geheimnis von Mallory und Irvine interessiert. Larry Johnson hat erfasst, dass der deutsche Student tatsächlich einen völlig neuen Ansatzpunkt für eine Suche nach den Verschollenen herausgearbeitet hat. „Ich bin dabei!", schreibt Larry Johnson in seiner Nachricht an Hemmleb. „Lass uns versuchen, Geldgeber für eine Suchexpedition zu finden. Nächstes Jahr sind Mallory und Irvine 75 Jahre verschollen. Wird Zeit, dass wir erfahren, was mit ihnen passiert ist!"

Da sind sie schon zu zweit. Und wenig später kommt noch einer dazu: Larry Johnson nimmt Kontakt zu einem amerikanischen Landsmann auf, der Expeditionsleiter im Himalaja ist. Eric Simonson besitzt eine Firma, die Menschen dabei hilft, den höchsten Berg der Welt zu besteigen. Man kann ja nicht einfach nach Tibet fliegen und in Richtung Gipfelpyramide des Everest losstapfen. Man

> **E**verest hatte ihre Geheimnisse stets streng gehütet. War es möglich, das eine oder andere aus ihr herauszukitzeln? Wir hatten die Absicht, unser Bestes zu geben.
> Eric Simonson

Eric Simonson hat das Kommando: Über Funk ist er mit den Bergsteigern in den Hochlagern verbunden.

❓ Die Sherpas

Das Volk der Sherpas wohnt in den Tälern im Süden des Mount Everest, in der so genannten Khumbu-Region.
Anfang des letzten Jahrhunderts begannen die Sherpas, auf ausländischen Expeditionen als Lastenträger anzuheuern. Sie wurden schnell zu unersetzlichen Helfern, da sie im Gegensatz zu den Fremden an die Höhe gewöhnt waren. Die Expeditionsteilnehmer von 1924 suchten die zähesten und fähigsten Sherpas für den Einsatz in den Hochlagern aus und gaben dieser Elitetruppe den Ehrennamen „Tiger". Ohne die Hilfe der Sherpas beim Transport der Ausrüstung käme auch heute kaum eine Expedition auf den Mount Everest. Fälschlicherweise denken viele Menschen, dass Sherpa eine Berufsbezeichnung ist und „Träger" heißt. Oft werden die Sherpas gefragt, wie lange sie denn schon Sherpa sind. Weltbekannt wurden die Sherpas, als 1953 einem von ihnen, Tenzing Norgay (1914–1986), mit Edmund Hillary die Erstbesteigung des Mount Everest gelang.

In Nepal ist er ein Nationalheld: der Sherpa Tenzing Norgay bei der Erstbesteigung des Mount Everest im Jahr 1953

Für die Sherpas ist die Arbeit als Träger ein beliebter Job. Auf nur einer Expedition verdienen sie mehr als ein nepalesischer Landarbeiter im ganzen Jahr.

braucht eine Besteigungsgenehmigung, man muss ein Basislager auf etwa 5 200 Metern Höhe errichten, in dem sich die Bergsteiger wochenlang allmählich an die Höhe gewöhnen können, man muss Lebensmittel und Ausrüstung für zwei Monate, im Fall der Suchexpedition gut 7 000 Kilogramm schwer, bis in dieses Basislager schaffen. Ein Teil dieser Ausrüstung wird in noch höhere Lager gebracht. Dafür muss ein Expeditionsleiter wie Eric Simonson einheimische

Helfer finden, die an die Höhe gewöhnt sind und daher beim Tragen helfen können: die Sherpas.

Eric Simonsons Job ist es also, das ganze Drumherum am Mount Everest zu organisieren, damit sich die Bergsteiger ausschließlich auf die kräfteraubende Gipfelbesteigung konzentrieren können. Zu Mallorys Zeit wurde die Organisation der Lebensmittel, die Beförderung und Nachrichtenübermittlung weitgehend von der Kolonialverwaltung und dem Militär in Indien übernommen.

Auch Eric ist Feuer und Flamme, als ihm aufgeht, was Jochen Hemmleb da herausgefunden hat. Er interessiert sich schon von jeher für die Besteigungsgeschichte des Mount Everest. Mallory und Irvine – das sind wahre Helden für alle, die mit der Bergsteigerei zu tun haben. Legenden! Loszuziehen, einen der beiden zu finden, vielleicht sogar Beweise in die Finger zu kriegen, dass Mallory und Irvine die wahren Erstbesteiger des Mount Everest sind: Das alles übt einen unwiderstehlichen Reiz auf ihn aus.

Johnson und Simonson machen sich nun daran, Sponsoren zu finden, Geldgeber, um die extrem teure Expedition überhaupt bezahlen zu können. Unermüdlich sprechen sie Firmen und Fernsehsender, Privatpersonen und Internetmagazine an.

Ihre Begeisterung ist ansteckend. Und Hemmlebs Wissen über den genauen Standort des chinesischen Hochlagers von 1975 ist ein wahrhaft überzeugendes Argument für eine neue Suche. So gelingt es ihnen, Menschen und Institutionen zu finden, die ihr Vorhaben großzügig unterstützen. Die Verhandlungen ziehen sich hin. Aber an irgendeinem Punkt ist ihnen klar, sie werden die Expedition machen, so oder so. Noch bevor sie letzte Sicherheit haben, dass die Finanzierung steht, fangen sie mit den Vorbereitungen an. Eric Simonson, der Expeditionsleiter, stellt den Such-

Kein Platz mehr zum Schlafen. Jochen Hemmlebs Zimmer mit seiner Expeditionsausrüstung

? Finanzierung

Die Finanzierung der Mallory & Irvine Research Expedition, die insgesamt knapp 300 000 Dollar kostete (etwa 250 000 Euro), sicherten die Fernsehgesellschaften BBC (England), PBS/Nova (USA) und ZDF (Deutschland), die Internetseite www.mountainzone.com sowie Firmen wie Lowe Alpine Sports, Mountain Hardwear und andere.

Die englischen Expeditionen von 1921 und 1922 hatten ein Budget von 10 000 Pfund – damals eine ungeheure Summe. Es wurde folgendermaßen aufgebracht: Mitglieder der Royal Geographical Society: 3 000 Pfund; Mitglieder des Alpine Clubs: 3 000 Pfund. Der Rest kam durch den Verkauf der Medienrechte an die Londoner *Times*, den *Philadelphia Ledger* und die Zeitschrift *The Graphic* zusammen. Diese Zeitungen erhielten dafür das Recht auf die Exklusivberichterstattung. Außerdem trugen König Georg V. und der Prinz von Wales bescheidene Summen bei.

Die Expedition von 1924 wurde von der Explorer Films Ltd. finanziert, die dafür die Exklusivrechte an allen Film- und Fotoaufnahmen erhielt. Schon zur Zeit der Pioniere wären Expeditionen ohne die Medien oder Sponsoren also gar nicht erst zustande gekommen.

> ### ❓ Mount Everest – das Dach der Welt
>
> *Chomolungma* (tibetisch für „Göttinmutter der Erde") oder *Sagarmatha* (nepalesisch für „Himmlischer Berg"). Der höchste Berg der Welt wurde 2005 neu vermessen: Er ist genau 8 844,43 Meter hoch. Vorerst bleibt aber die alte Messung gültig. Die mächtige Pyramide besteht aus drei Graten (Nordost-, Südost- und Westgrat) und drei Wänden (Nordnordwest, Ostsüdost und Südwest) und ist von vier Gletschern umgeben. Er liegt bei etwa 28 Grad nördlicher Breite und 87 Grad östlicher Länge.

trupp zusammen. Allesamt Profi-Bergsteiger, die als Bergführer ihren Lebensunterhalt verdienen. Kletterer mit viel Erfahrung in Höhen über 8 000 Metern. Bergsteiger, die auch dann noch Nervenstärke zeigen, wenn ihnen der Wind mit 100 Stundenkilometern um die Ohren pfeift oder wenn in der Todeszone das Sauerstoffgerät ausfällt. Männer, mit denen Eric Simonson größtenteils schon Expeditionen durchgeführt hat und auf die er sich verlassen kann. Ihre Namen: Dave Hahn, Conrad Anker, Andy Politz, Tap Richards, Jake Norton und Thom Pollard, der als Kameramann arbeitet.

Als Expeditionsarzt wählt Simonson den Unfallarzt und Bergsteiger Lee Meyers. Jochen Hemmlebs Rolle ist die des historischen Beraters, man könnte auch sagen: des Expeditionsdetektivs. Er soll helfen, am Mount Everest Spuren zu lesen, Fundstücke einzuordnen, Indizien zu bewerten. Jochen Hemmleb ist Teil des Teams, das schließlich allen Hindernissen zum Trotz zu einer Suchexpedition zum Mount Everest aufbricht, Teil der „Mallory & Irvine Research Expedition". Er hat es geschafft, er ist dabei!

Die Mallory & Irvine Research Expedition. Von links nach rechts: Lee Meyers, Conrad Anker, Andy Politz, Dave Hahn, Thom Pollard, Jake Norton, Tap Richards, Eric Simonson. Vorne in der Mitte: Jochen Hemmleb

5 Die Expedition

▶▶▶ **20. März 1999.** 75 Jahre nach dem geheimnisvollen Verschwinden von Mallory und Irvine fliegt Jochen Hemmleb nach Katmandu. Dort trifft er zum ersten Mal mit Eric Simonson und dem Bergsteigerteam zusammen. Der Expeditionsleiter und der Student umarmen sich. Das Team bricht mit insgesamt 7 000 Kilo Ausrüstung und Vorräten, verteilt auf drei Trucks, in den Himalaja auf. Nach wenigen Tagen erreichen sie den Mount Everest.

Als Jochen Hemmleb den Berg zum ersten Mal sieht, ist er genauso tief bewegt wie Mallory im Jahre 1921.

Der Everest ist viel beeindruckender, als Fotos vermitteln können. 8 848 Meter Fels und Schnee. Allein die Höhe – unfassbar! Dann der Wind, der heulend über die Grate fegt. Dort oben herrscht eine gewaltige Kälte. „Eine Urgewalt", sagt Jochen Hemmleb. Er versteht, warum der Mount Everest für die Tibeter ein heiliger Ort ist. „Ich hätte nie gedacht, dass ein Berg, kein Lebewesen, so tiefe Gefühle in einem hervorbringen kann", beschreibt er seine erste Begegnung mit dem Berg. Es ist auch der Moment, in dem Hemmleb begreift: Sein größter Traum ist dabei, Wirklichkeit zu werden. Ihm wird fast schwindelig bei dem Gedanken. Elf Jahre sind seine Gedanken um diesen Berg gekreist. Er hat Karten studiert, in Archiven gestöbert, nächtelang im Internet nach neuen, interessanten Informationen gesucht, mit Bergsteigern Kontakt aufgenommen,

Die Expedition auf dem Weg zum Mount Everest. Das Expeditionsgepäck wird durch einen Fluss im Rongbuk-Tal transportiert.

❓ Buddhismus

Der Buddhismus zählt zu den fünf großen Weltreligionen, das religiöse Oberhaupt ist der Dalai Lama. Die Natur spielt eine wichtige Rolle. Die Buddhisten in Tibet glauben, dass die Götter auf den Bergen des Himalaja wohnen. Die Region um den Mount Everest verehren sie als „heiligen Bezirk". Viele weise buddhistische Mönche zogen sich hierher zurück, um zu meditieren, und es wurden zahlreiche Klöster errichtet. Seit Tibet von China 1950 besetzt wurde, waren die tibetischen Buddhisten mehrfach Verfolgungen ausgesetzt. Viele ihrer Klöster wurden zerstört.

Links: Ein tibetischer Mönch

Jede Mount-Everest-Expedition nimmt an einer Puja-Zeremonie teil, die die Götter des Berges gnädig stimmen soll.

die vom Mount Everest zurückkamen, sie so lange mit Fragen gelöchert, bis er sich ihren Weg zum Gipfel genau vorstellen konnte. Und nun ist er tatsächlich hier.

Zwei Tage später hält der Abt des buddhistischen Klosters Rongbuk im Basislager eine Zeremonie ab, die der Expedition Glück und Segen der Götter bringen soll. Puja – Reinigung – nennt man solch eine Zeremonie, die auch schon George Mallory genau 75 Jahre früher an gleicher Stelle miterlebt hat. Mönche singen, Wacholderzweige werden verbrannt. Ihr würziger Rauch durchzieht die Luft. Bunte Gebetsfahnen flattern im Wind. Die Mönche streuen Reiskörner aus, womit sie die Vögel der Umgebung anlocken. Die Teammitglieder bieten den Mönchen Opfergaben dar: Süßigkeiten, Proviant, Geld – was sie gerade dabeihaben.

Diese Zeremonie, so fremd sie auch ist, hilft Jochen Hemmleb, seine Ruhe und Konzentration zu stärken. Er spürt, dass etwas Großes, Wichtiges auf ihn zukommt. Fast so, als hätte er eine Vorahnung von den Ereignissen, die vor ihm liegen.

Vieles hat sich am Mount Everest jedoch stark verändert seit der Zeit der Pioniere. Der Mount Everest ist für viele Abenteuerlustige zum Urlaubsziel geworden. Für etwa 65 000 US-Dollar pro Person führen professionelle Veranstalter Bergsteiger auf den Berg. Natürlich ohne Gipfelgarantie, die kann es selbst heute beim Mount Everest nie und nimmer geben. Da ein Gipfelsieg allein heute also keine große Aufmerksamkeit mehr nach sich zieht, überbieten sich Bergsteiger mit allen nur möglichen Rekorden.

Der Massenansturm hat große Probleme im Umweltbereich verursacht, die man aber allmählich in den Griff bekommt.

Liesl Clark vom Filmteam der BBC. Sie ist die einzige Frau, die das Expeditionsteam bis ins Basislager begleitet.

Im Rongbuktal, nicht weit von der Stelle entfernt, an der die Expedition von 1924 ihre Zelte aufgeschlagen hatte, hat auch das Team von 1999 sein Basislager errichtet. Der Ort ist unglaublich öde, eine einzige graue Schotterfläche. Dazu weht hier oben auf 5200 Metern fast ununterbrochen ein schneidender Wind. Jochen Hemmleb scheint seine unmittelbare Umgebung gar nicht so richtig wahrzunehmen. In seinem Tagebuch schreibt er nur über den eindrucksvollen Blick, den man von hier auf den Mount Everest hat. „Die gewaltige Nordflanke mit all ihren vertrauten Passagen, der hoch aufragende Nordost-Grat, die eisbedeckte Westschulter. Ich hätte nie gedacht, dass der Berg, immerhin noch 20 Kilometer entfernt, so unvorstellbar groß ist."

31. März 1999. Das Basislager auf 5200 Metern ist errichtet! Die zwölf Sherpas, die die Expedition unterstützen, haben gute Arbeit geleistet: Gelbe Zelte für das Team stehen auf dem Geröll. Große chinesische Armeezelte dienen als Küchen- und Vorratszelte. Außerdem gibt es noch ein Zelt, von dem aus man telefonieren kann und in dem die Computer stehen, und eines, in dem alle zusammenkommen und essen können. Die Expedition erzeugt mithilfe von Sonnenenergie selbst Strom und bekommt Frischwasser über eine Kunststoffleitung aus einem kleinen Fluss.

In den ersten Tagen im Basislager leiden fast alle Bergsteiger unter starken Kopfschmerzen. Das ist ganz normal, wenn man sich so plötzlich in so großer Höhe wiederfindet. Nach zwei, drei Tagen

Yaks können sehr launisch sein. Erfahrene Treiber müssen ihnen gut zureden, damit sie ihre Lasten nicht abwerfen.

40

Müllkippe Everest?

Zu Beginn der 1990er-Jahre hieß es, der Mount Everest sei zur „höchsten Müllkippe der Welt" geworden. Zahlreiche Expeditionen ließen ihren Müll, insbesondere leere Sauerstoffflaschen, einfach liegen. Inzwischen hat sich die Abfallentsorgung am Berg erheblich verbessert. Es gibt strenge Auflagen gegen Umweltverschmutzung. Die Expeditionen müssen hohe Strafen zahlen, wenn sie etwas zurücklassen. Die Sherpas bekommen eine Prämie für jede alte Sauerstoffflasche, die sie zusätzlich hinuntertragen.
Ein weiteres Problem ist der Kahlschlag: Etwa 40 000 Trekker besuchen jährlich die Region des Mount Everest. Viele Bäume wurden gefällt, damit sie Holz für ihre Lagerfeuer hatten. Die Landschaft wurde immer kahler. Inzwischen müssen die Bergsteiger ihren Brennstoff selbst mitbringen, und man bemüht sich, wieder aufzuforsten.

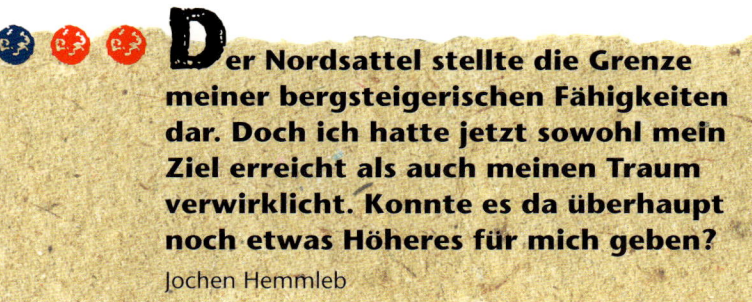

> **D**er Nordsattel stellte die Grenze meiner bergsteigerischen Fähigkeiten dar. Doch ich hatte jetzt sowohl mein Ziel erreicht als auch meinen Traum verwirklicht. Konnte es da überhaupt noch etwas Höheres für mich geben?
> Jochen Hemmleb

lässt der Druck im Kopf allmählich nach. Der Körper gewöhnt sich langsam an die sauerstoffarme Luft.

Zusammen mit den Sherpas macht sich das Team daran, die Hochlager einzurichten. Viele Tage harter Arbeit!

Mit Hilfe von 42 Yaks, zottigen Lasttieren ähnlich wie Büffel, bringen sie Zelte, Schlafsäcke, Ausrüstung und Lebensmittel bis in Lager III, das Vorgeschobene Basislager auf 6 450 Meter. Insgesamt werden es mehr als 100 Ladungen, die aufgeladen, transportiert, abgeladen und verstaut werden müssen. Jochen Hemmleb steigt selbst hinauf bis ins Lager IV auf 7 070 Meter Höhe. Der Student ist ein guter Bergsteiger, aber eben kein Profi. Er beschließt, nicht noch höher zu steigen. Das Risiko, höhenkrank zu werden, ist einfach zu groß. Er muss in den nächsten Wochen gesund und vor allem klar im Kopf bleiben. Sonst verpasst er das Abenteuer seines Lebens.

Das höchste Lager, Lager VI, wird auf 8 200 Metern errichtet. Sobald sich die Bergsteiger an diese Höhe gewöhnt haben, soll von diesem Lager aus die eigentliche Suche losgehen.

Beim Einrichten der Hochlager kommen die Bergsteiger der Mallory & Irvine Research Expedition genau wie die Pioniere vor 75 Jahren oft nur im Schneckentempo voran. Jeden Höhenmeter müssen sie sich schwer erkämpfen. Lawinengefahr. Tiefe Gletscherspalten. Jähe Abgründe und steile, stark zerklüftete Anstiege. Lose Steine, die unter den Tritten nachgeben. Eistürme überall, regelrechte Barrieren aus Fels und Eis. Sie versuchen sich vorzustellen, wie Mallory hier ohne Steigeisen vorankommen konnte.

Mallory musste an vielen Stellen mit seinem Eispickel Stufen in die vereisten Hänge schlagen. Stufe für Stufe ohne zusätzlichen Sauerstoff und ohne moderne Ausrüstung. Übermenschlich erscheint den Profis von 1999 diese Anstrengung.

6 Die Suche

>>> **Einen Monat später.** 1. Mai 1999. Endlich ist es so weit. Die Bergsteiger des Suchtrupps brechen von Lager VI auf 8 200 Metern Höhe auf. Die eigentliche Suche beginnt. Was wird sie dort oben erwarten? Werden sie auf diesen weiten Schutt- und Schneehängen überhaupt eine Spur von Mallory und Irvine finden können? Tief bewegt hat Jochen Hemmleb im Basislager vom Suchteam Abschied genommen. Jetzt wünscht er ihnen über Funk von ganzem Herzen Glück.

Jochen Hemmleb ist nervös. Hat er wirklich keinen Fehler gemacht bei seinen Berechnungen? Ist es ihm tatsächlich gelungen, in seiner kleinen Studentenwohnung, 7 000 Kilometer entfernt vom Mount Everest, auf den Meter genau zu bestimmen, wo das chinesische Lager war? Die Männer haben ein von ihm zusammengestelltes Handbuch dabei, das ihnen erklärt, wo sie mit ihrer Suche ansetzen sollen. Der Student hält im Basislager die Stellung, 3 000 Höhenmeter weiter unten, fast 20 Kilometer vom Suchtrupp ent-

Mit diesem großen Teleskop kann Jochen Hemmleb verfolgen, was die Bergsteiger in 20 Kilometer Entfernung am Berg tun.

fernt. Per Teleskop hat er einen guten Blick auf das Geschehen am Berg und ist über Funk mit den Bergsteigern verbunden. Sollte eine Spur gefunden werden, würde er sofort versuchen, sie zu bewerten und einzuordnen.

Es fängt vielversprechend an: In dem von Hemmleb markierten Feld angekommen, stößt der Suchtrupp auf eine hellblaue alte Sauerstoffflasche. Nach der Beschreibung, die er über Funk erhält, kann der Expeditionsdetektiv sie eindeutig zuordnen: Es handelt sich um ein chinesisches Fabrikat. Das vergessene chinesische Lager! Hier in der Nähe liegt es! Das Lager, von dem aus der Chinese Wang Hongbao auf den „alten englischen Toten" gestoßen war.

„Ihr befindet euch auf den Fußspuren der Chinesen!", meldet Jochen Hemmleb aufgeregt über Funk. „Macht genau da weiter. Der ‚alte englische Tote' muss in unmittelbarer Nähe sein." Der Suchtrupp verteilt sich über das Gelände, ein weites, steil ansteigendes Geröllfeld.

Kaum eine halbe Stunde vergeht, da hört der Student einen merkwürdigen Funkspruch. „Als ich das letzte Mal versucht habe, einen Felsblock mit Nagelschuhen zu erklettern, bin ich runtergefallen", vermeldet der Bergsteiger Conrad Anker.

Lagebesprechung: Jochen Hemmleb und die Suchmannschaft

43

Der Detektiv zuckt zusammen.

Felsblock – das ist das Schlüsselwort. Sie haben es vereinbart, falls einer der beiden Verschollenen gefunden werden sollte. Denn solch ein Fund soll vorläufig geheim gehalten werden. Eine notwendige Vorkehrung, denn der Funkverkehr der Research Expedition wird von anderen mitgehört.

Felsblock! Felsblock!?! War das nun schon die entscheidende Nachricht? Haben sie dort oben tatsächlich etwas gefunden? Es knistert im Funkgerät, der Funkverkehr bricht ab.

Was ist da oben los? Was passiert da gerade?

Gespannt verfolgt Jochen Hemmleb durch sein Teleskop, wie sich alle Bergsteiger an einem Platz versammeln. Andy Politz steigt über 100 Höhenmeter bis zu diesem Punkt ab, in dieser Höhe eine ungeheure Kraftanstrengung. Jochen Hemmleb weiß, das macht keiner einfach so, nur zum

> **Jochen, you are going to be a happy man.**
> Dave Hahn

Noch ist die Anspannung nicht von ihm abgefallen: Jochen Hemmleb am Funkgerät

❓ Funksprüche

Die Bergsteiger wollen über Funk nicht sagen, wen sie gefunden haben, aber wer zwischen den Zeilen lesen kann, weiß, dass etwas Außergewöhnliches passiert sein muss.

ANKER (aus Lager V): Alle hier oben sind ganz schön müde. Heute war ein 12-Stunden-Tag, von fünf Uhr morgens bis fünf Uhr abends. Ein sehr langer Tag. Over

NORTON (aus Lager V): Heute war Conrads großer Tag. Aber wir alle hatten einen großen Tag da oben. Over.

HAHN (aus Lager V): In Ordnung, Eric. Nichts weiter von hier oben.

SIMONSON (Vorgeschobenes Basislager): Okay, dann lassen wir euch jetzt in Ruhe. Trinkt noch etwas und habt eine gute Nacht. Morgen früh um sieben sprechen wir uns wieder.

HEMMLEB (Basislager): Hallo Camp V. Hier spricht Jochen. Ihr seid einfach großartig. Glückwunsch. Habt eine gute Nacht und einen guten Abstieg. Das ist alles, was ich euch zu sagen habe. Over.

HAHN (aus Lager V): Danke, Jochen. Du wirst jetzt ein sehr glücklicher Mensch sein. Wir sprechen uns in zwei Tagen.

Verständigung am Berg

Zu Mallorys Zeit verständigten sich die Bergsteiger von Lager zu Lager, indem sie ihren Trägern Briefe in die Hand drückten, die von ihnen zugestellt wurden. Heute ist man am Mount Everest mit Funkgeräten unterwegs, mit Satellitentelefonen kann man in alle Welt telefonieren, im Basislager steht das Internet zur Verfügung.

Die Suchmannschaft auf dem schwierigen Weg in ihr Einsatzgebiet. Im Gepäck: Kletterausrüstung, Sauerstoffgeräte, Ersatzkleidung und Proviant

Vergnügen. Da oben ist etwas passiert! Dort oben ist etwas gefunden worden! Eine andere Erklärung kann es gar nicht geben. Oder etwa doch?

Fast drei Stunden bewegen sich die Bergsteiger nicht vom Fleck. Dann verlassen sie das Suchfeld, begeben sich für die Nacht in den Schutz des Hochlagers, verschwinden aus Jochen Hemmlebs Blickfeld. Und immer noch keine Nachricht. „Keine Nachrichten sind gute Nachrichten", murmelt Jochen, um sich zu beruhigen.

Endlich, am Abend, melden sie sich wieder über Funk aus Lager V. „Es geht uns gut. Wir sind in Sicherheit", lautet der Funkspruch. Keiner sagt: „Wir haben was Großartiges gefunden", oder „Ihr werdet staunen". Nichts in der Art. Kein noch so kleiner Hinweis. Jochen Hemmleb zerreißt es fast vor Spannung. Aber dann endlich, beim letzten Funkspruch, abends um sechs Uhr, da sagt Dave Hahn unvermittelt: „Jochen, you are going to be a happy man." Jochen, du wirst jetzt ein sehr glücklicher Mensch sein. Und in dem Moment weiß der Expeditionsdetektiv mit 100-prozentiger Sicherheit: Das ist es! Das ist der große Fund.

7 Der Fund

>>> **Was ist auf dem Berg passiert?** Was haben die Männer entdeckt?

Das Gebiet, in dem Hemmleb den „alten englischen Toten" vermutet und in dem sich das Team auf die Suche begibt, ist selbst für Profi-Bergsteiger sehr gefährlich. Eine abschüssige Steinwüste voll losem Geröll und Schieferplatten, die zum Teil von einer dünnen Schneeschicht bedeckt sind. Unterhalb dieses Hanges ein gähnender Abgrund. 2000 Meter tief geht es runter bis auf den Rongbuk-Gletscher. Wer hier ausrutscht, verschwindet auf Nimmerwiedersehen. Zum Glück ist das Wetter gut.

Auf über 8000 Metern ein Gebiet von der Größe von zwölf Fußballfeldern abzusuchen ist keine leichte Angelegenheit. Mühsam schleppen sich die Füße voran, bei jedem Schritt muss man nach Luft ringen, das Herz rast. Die fünf Bergsteiger haben sich über den ganzen Hang verteilt. Sie stoßen auf die zerschmetterten Leichen von verunglückten Bergsteigern. Mindestens drei, vier Leichname aus neuerer Zeit – ein grausiger Friedhof.

Conrad Anker steigt am weitesten den Hang hinab, auf den Abgrund zu. Von dort steigt er systematisch in Zickzacklinien wieder auf. Plötzlich fällt ihm ein Flecken Weiß auf. Weißer als Schnee, weißer als der Fels der Umgebung. Da liegt etwas Ungewöhnliches!

Als er sich der Stelle nähert, erkennt Conrad Anker ein Bein in einem Nagelschuh. Dann sieht er den unversehrten, muskulösen Rücken eines einst sehr athletischen Mannes. Die Kleiderreste ma-

Seilschaft

Zwei oder mehr Bergsteiger, die mit einem Seil verbunden sind, bilden eine so genannte Seilschaft. Das Seil soll sie vor einem Absturz schützen. Ein Bergsteiger beginnt zu klettern, wobei ihn der nachfolgende Partner sichert. Während er klettert, bringt der Erste immer wieder Zwischensicherungen wie Haken und Schlingen an, in die er das Seil mit einem Karabinerhaken einhängt. Sie sollen bei einem Sturz die Sturzhöhe verkürzen. Ist das Seil zu Ende, holt der Erste die anderen Bergsteiger nach, welche die Zwischensicherungen wieder einsammeln. Dann beginnt das Ganze von vorn.

>>> Herumzulaufen und nach Leichen Ausschau zu halten ist ein grausiger Job, vor allem wenn du auf einem Hang unterwegs bist, wo der kleinste Fehltritt dich zum nächsten Opfer machen kann.
Jake Norton

Der Wind hat Mallory die Kleidung vom Körper gerissen. Das Seil, das ihn mit Irvine verbunden hatte, ist noch um seine Hüfte geschlungen.

❓ Tote am Mount Everest

Die hohen Hänge des Mount Everest sind von den Leichen verunglückter oder vor Erschöpfung zusammengebrochener, erfrorener Bergsteiger gesäumt; fast 200 Menschen ließen bis heute beim Versuch der Besteigung ihr Leben. Wer in der Todeszone nicht mehr ohne Hilfe weiterkann, ist so gut wie verloren. Verunglückte Menschen können in dieser Höhe nur selten gerettet werden. Tote können nicht einmal würdig bestattet werden. Das einzige, was man für sie tun kann, ist, sie außer Sichtweite der begangenen Route zu ziehen. Manchmal werden Tote daher einen Abhang hinabgestoßen, damit sie nicht den Blicken ausgesetzt sind.

„Oberhalb von 8 000 Metern ist kein Platz, wo Menschen sich Moral leisten können", meinte 1996 ein Japaner trocken, nachdem er mitleidlos an drei sterbenden Indern vorbeistieg, um noch rechtzeitig auf den Gipfel zu gelangen. Doch gibt es auch Beispiele für selbstlose Rettungsversuche.

chen deutlich, dass er keinen Leichnam aus jüngerer Zeit gefunden hat. Er ruft die anderen Bergsteiger über Funk mit dem vereinbarten Codewort zu sich, und während er auf sie wartet, überkommt ihn ein tiefes Gefühl von Ehrfurcht und Respekt.

Der Tote, der da vor ihm auf dem Bauch liegend ausgestreckt ist, macht auf ihn einen seltsam friedlichen Eindruck. Er sieht aus wie eine griechische Marmorstatue. Der Wind hat dem Leichnam den größten Teil seiner Kleidung vom Leib gerissen. Seine Haut ist von der Sonne gebleicht. Sein Körper ist vollkommen erhalten, auf natürliche Weise mumifiziert. Gesicht und Oberkörper sind in den Boden unter ihm eingefroren, die schlanken Finger seiner einst kraftvollen Hände greifen in das gefrorene Geröll. Die ausgestreckten Beine weisen talwärts. Eines ist gebrochen, das andere schützend darübergelegt.

Nach und nach kommen die anderen Bergsteiger heran. Keiner sagt ein Wort. Einer von ihnen, Jake Norton, besitzt archäologische Kenntnisse. Vorsichtig untersucht er die zerfetzte Kleidung des Toten. Da stößt er im Nacken auf ein kleines Wäscheschild mit eingesticktem Namen: G. MALLORY. „Großer Gott!", sagt Dave Hahn. Er bekommt weiche Knie und muss sich setzen. Die anderen Bergsteiger sehen sich an. Dieser Tote ist nicht Andrew Irvine. Sie stehen vor dem berühmtesten Verschollenen in der Geschichte der Bergsteigerei. Sie stehen vor George Mallory.

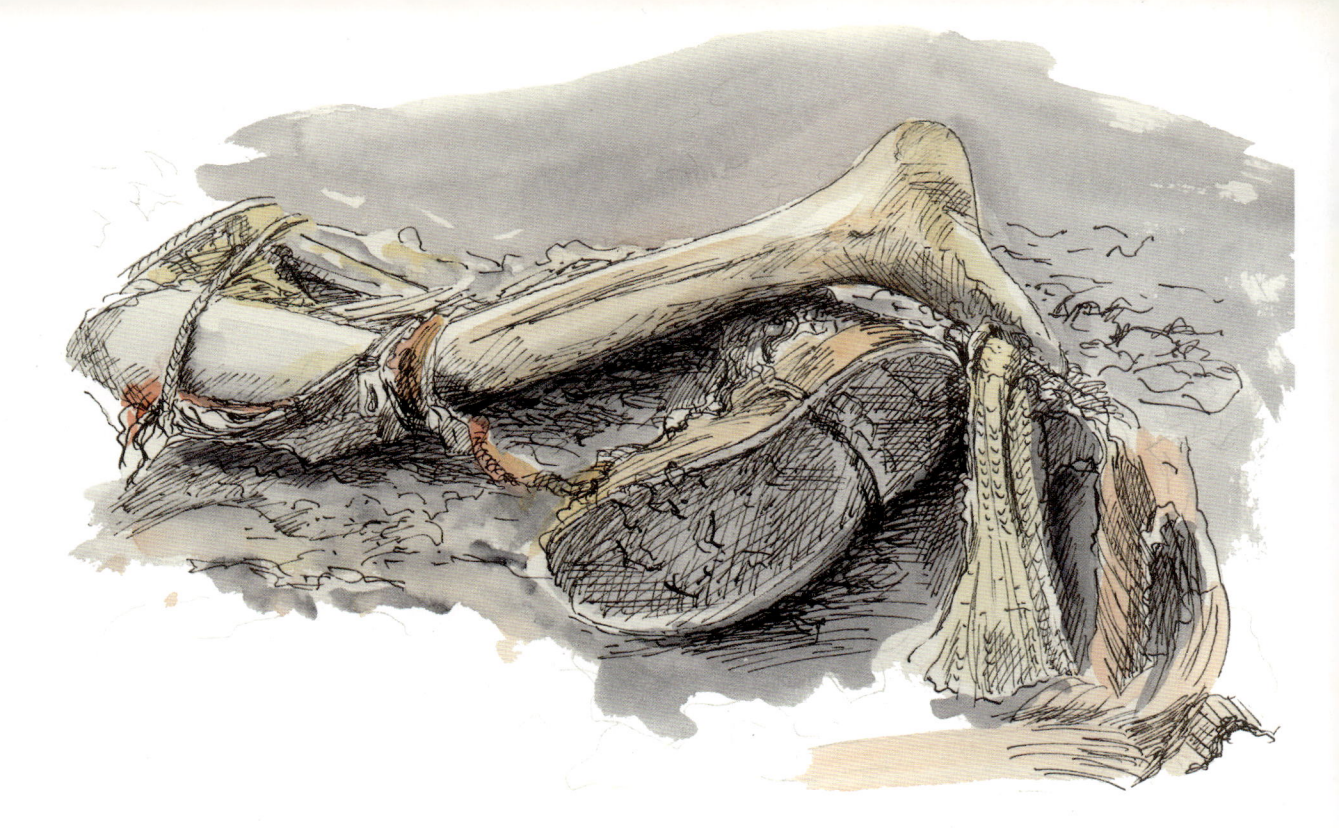

Die 75 Jahre alte Frage, wie Mallory gestorben ist, kann sofort beantwortet werden. Um Mallorys Hüfte ist ein weißes, geflochtenes Seil geschlungen. Es ist etwa noch sieben Meter lang und an einem Ende zerfranst. Das Seil ist gerissen. Mallory ist abgestürzt.

Die Bergsteiger von 1999 haben im ersten Angang gefunden, wonach sie gesucht haben – angesichts des riesigen, unzugänglichen Berges ein schier unglaublicher Glücksfall –, aber keiner von ihnen bricht in Jubel aus. Sie knien sich um den Toten herum und schweigen, einige haben Tränen in den Augen. Diesen Mann, seinen Mut und seine Willenskraft, bewundern sie seit ihrer Kindheit.

Was sollen sie tun? Wenn sie wissen wollen, was an jenem verhängnisvollen 8. Juni 1924 passiert ist, müssen sie ihn eingehend untersuchen. Davor schrecken sie instinktiv zurück. Ist es richtig, den toten Mallory in seinem Frieden zu stören? Was hätte er selbst gewollt?

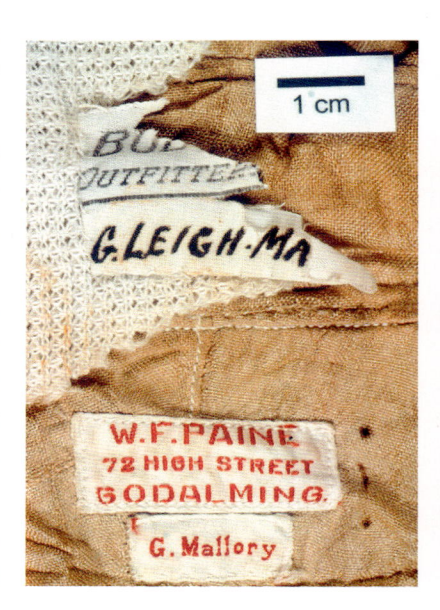

Namensschilder in Mallorys Kleidung zeigen den Bergsteigern des Suchtrupps, wer der Tote ist.

> **W**ie in Zeitlupe bewegten sich meine Gedanken. Träume ich?, fragte ich mich. Bin ich wirklich bei Sinnen? Aber dann dachte ich: Deswegen sind wir doch gekommen. Danach haben wir gesucht. Das ist Sandy Irvine.
> Conrad Anker

Sie kommen schließlich zu dem Schluss, dass Mallory im Falle seines Gipfelsiegs sicher gewollt hätte, dass die Welt, dass seine Kinder davon erfahren. Und so machen sich die Männer behutsam daran, den Toten nach Beweisstücken zu untersuchen. Vorsichtig befreien sie den Körper aus dem steinhart gefrorenen Geröll.

In Mallorys Taschen finden die Bergsteiger einen Höhenmesser, ein Taschenmesser, eine Nagelschere, eine Schachtel Streichhölzer, seine Armbanduhr, seine Schneebrille und ein wenig Proviant. Ein Ersatzhandschuh kommt zum Vorschein, eine Tube mit Vaseline als Lippenschutz. Alles Gegenstände, die einen Einblick darin geben, wie ein Bergsteiger vor 75 Jahren unterwegs war.

Unter den Dingen, die Mallory bei sich trägt, sind auch Briefe von Angehörigen und Freunden, die er, womöglich als Glücksbringer, mitgenommen hat. Die Tintenschrift ist frisch und leserlich, so als seien sie gerade erst geschrieben worden.

Pelzmützen, Fellkragen, Parkas: Bei der Kleidung der Bergsteigerpioniere griff man auf die Erfahrung bei Polarexpeditionen zurück.

❓ Kleidung der Bergsteiger von 1924

Unterhemd und lange Unterhose aus dicker Wolle. Zwei Seidenhemden. Wollpullover. Flanellhemd. Zwei Wollleggins. Anorak und Knickerbocker. Gamaschen, die wie eine Bandage vom Knöchel bis zum Knie ums Bein gewickelt wurden. Filzgefütterte Lederstiefel. In die Sohlen wurden Nägel geschlagen, ähnlich wie Spikes. Pulswärmer aus Fell. Wollhandschuhe. Zwei Paar Überhandschuhe (Fäustlinge). Ein pelzgefütterter Lederhelm. Gletscherbrille. Wollschal. Die Bergsteiger von 1924 trugen mehrere Schichten aus unterschiedlichen Materialien übereinander. Die Kleidung war nicht so warm wie die dicken Daunenanzüge von heute, aber man konnte sich darin besser bewegen.

Das Wichtigste: Sie finden Notizen darüber, wie Mallory bei seinem schicksalhaften Gipfelversuch 1924 vorgehen wollte. Jochen Hemmleb wird später alle Gegenstände sorgfältig untersuchen und dann Rückschlüsse ziehen, was genau passiert ist, nachdem Noel Odell, der letzte Zeuge, der ihn lebend sah, Mallory aus den Augen verlor.

Der Suchtrupp verstaut alle Fundstücke, durch verschließbare Plastikbeutel geschützt, in einem Rucksack. Dann folgt eine mühevolle Arbeit: Sie suchen auf dem abschüssigen Hang geeignete Steine zusammen, stemmen sie aus dem gefrorenen Untergrund und tragen sie zu dem Toten. Sie begraben den legendären Bergsteiger unter einem schützenden Mantel aus Steinplatten und sprechen ein Totengebet für ihn. Das ist das Einzige, was sie für Mallory tun können. Sie tun es mit großer Ernsthaftigkeit.

Es fällt ihnen schwer, den Ort wieder zu verlassen, davonzugehen und den Toten in der eisigen Höhe allein zu lassen. Aber die Be-

> **? Mumifizierung im Eis**
>
> Körper bleiben der Nachwelt nur in Ausnahmefällen erhalten. Im Normalfall verwesen sie und verschwinden innerhalb von 25 Jahren vollständig. Kurz nach dem Tod beginnt ein Zersetzungsprozess. Bakterien, die der lebende Organismus erfolgreich abwehrt, setzen sich nun durch. Kälte konserviert äußerst gut und über lange Zeiträume. Mallorys Körper lag in einer kalten und gleichzeitig sehr trockenen Umgebung. Dadurch fand so gut wie keine Zersetzung statt.

Verdiente Rast auf 8 000 Metern. Von links nach rechts: Andy Politz, Conrad Anker, Tap Richards und Jake Norton nach dem Fund.

Jake Norton zeigt Jochen Hemmleb ein Stück von Mallorys linkem Schuh.

❓ Höhenmesser, Kompass, GPS

Bei Mallory wurde ein Höhenmesser gefunden – ein Gerät, dass ebenso wie ein Kompass auch heute noch von Bergsteigern zur Orientierung benutzt wird. Ein Höhenmesser funktioniert genauso wie ein Barometer, er misst den Luftdruck. Mit zunehmender Höhe wird die Luft dünner, der Luftdruck nimmt ab. Je niedriger der Luftdruck, desto größer die Höhe, die entsprechend vom Gerät angezeigt wird.

Ein Kompass zeigt die Nordrichtung an. Dadurch weiß der Bergsteiger, in welche Richtung er gehen muss oder in welcher Richtung sich klar erkennbare Punkte im Gelände befinden. Auf einer Landkarte kann er mit diesen Informationen feststellen, wo er sich gerade befindet. Bergsteigern von heute stehen außerdem GPS-Geräte (GPS = Globales Positionierungs-System) zur Verfügung. Sie ermöglichen es mithilfe von Satelliten, an jedem Ort auf der Welt, zu jeder Zeit und bei jedem Wetter die eigene Position ganz genau zu bestimmen.

dingungen am Mount Everest verlangen es. Sie müssen sich in die relative Sicherheit ihres Hochlagers zurückziehen. Auf dem Rückweg fegt ein eisiger Wind mit 80 Stundenkilometern über das Team hinweg. Und sie alle fragen sich, warum er es einging: das wahnwitzige Risiko, bei seinem Rückweg in Nacht und Dunkelheit zu geraten. Denn dass Mallory bei Nacht abgestürzt ist, schließen sie aus der Tatsache, dass er seine Schneebrille nicht aufhatte, sondern in der Tasche trug.

Zwei Tage später. Der Suchtrupp kehrt ins Basislager zurück. Hemmleb weiß noch immer nicht genau, wen oder was genau sie oben gefunden haben, nur, dass es von Bedeutung ist. Er steigt den Bergsteigern erwartungsvoll entgegen, setzt sich schließlich auf einen Felsblock und wartet. Dann tauchen sie plötzlich auf, zurück von ihrem Ausflug in die Vergangenheit. Eric Simonson als Erster. Er und Jochen fallen sich in die Arme. Endlich erfährt Jochen Hemmleb, was sich oben am Berg abgespielt hat. Im Basiscamp wird ein Arbeitszelt errichtet. Die Bergsteiger zeigen ihm einen Film von ihrem Fund und übergeben ihm die Gegenstände, die sie bei Mallory gefunden haben. Er wird sie sortieren und fotografieren, Beschreibungen erstellen, eine erste Auswertung vornehmen und sie für den Transport vorbereiten. Nie hätte Jochen Hemmleb gedacht, dass er eines Tages Stücke von Mallorys Kleidung in den Händen halten würde. „Den Moment werde ich nie vergessen!", sagt er. „Die Legende Mallory verwandelte sich für mich plötzlich in einen greifbaren, sterblichen Menschen." Ein Mensch, der sich mit den selbstgestrickten Wollsocken seiner Frau Ruth in Nagelschuhen dem höchsten Berg der Welt entgegenstellte.

8 Was geschah wirklich?

>>> **Ein wichtiges Expeditionsziel** war es, Beweise dafür zu finden, ob Mallory und Irvine den Gipfel erreicht haben. Die Bergsteiger von 1999 hatten gehofft, Mallorys Kamera zu finden. Ein Foto der beiden Bergsteigerpioniere auf dem Gipfel – erst das wäre ein eindeutiger Beweis, dass die beiden tatsächlich oben waren. Da Mallory jedoch seine Kamera nicht bei sich trug, muss Jochen Hemmleb anhand von Indizien herausfinden, was genau an diesem 8. Juni 1924 geschehen ist, wie hoch die beiden gestiegen sind und ob sie den Gipfel erreicht haben. Bei der Indizienauswertung ist das, was man bei Mallory fand, ebenso bedeutsam wie das, was man nicht fand: Zum Beispiel fand man bei ihm kein Foto seiner Frau. Er hatte vorgehabt, ein Foto von ihr auf dem Gipfel zurückzulassen. Hatte er das tatsächlich getan? Trug er deshalb keines bei sich? Ferner fand man keine Sauerstoffflaschen und keine Taschenlampe bei ihm.

Was man dagegen fand, war ein Brief von einer Frau namens Stella. Der Inhalt ist belanglos, interessant sind die Notizen, die sich Mallory auf der Vorderseite des Umschlags gemacht hat, zwei Spalten mit Zahlen: 100, 110, 110, 110, 110 und daneben No. 13, 35, 10, 9, 15. Jochen erkennt sofort, was das zu bedeuten hat: Hier hat Mallory seinen Sauerstoffvorrat aufgeschrieben. Jede Flasche hatte eine Nummer, und zu jeder notierte Mallory den Fülldruck, damit er wusste, wie lange sie reichen würde.

Sonnenaufgang war am 8. Juni 1924 um 5 Uhr 15. Wahrscheinlich brachen Mallory und Irvine wenig später von ihrem Hochlager auf 8140 Metern in Richtung Gipfel auf. Früher können sie ohne Taschenlampe nicht losgegangen sein. Im Laufe des Vormittags erreichten sie eine Höhe von 8475 Metern. Dort legten sie ihre erste, inzwischen geleerte Sauerstoffflasche ab.

Da Mallory seine Kamera in einem der unteren Lager vergessen hatte, lieh er sich von Howard Somervell eine Kodak-Faltkamera für den Gipfelversuch.

Auf einem Briefumschlag hat sich Mallory notiert, mit wie viel Sauerstoff die Flaschen für den Gipfelversuch gefüllt sind.

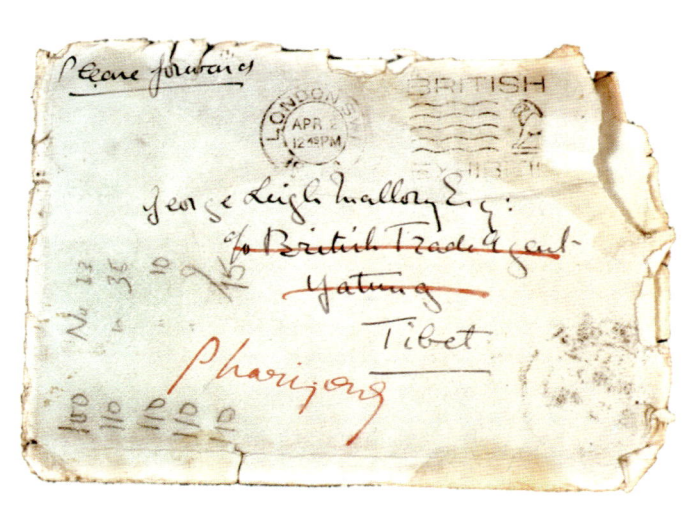

12 Uhr 50. Sie werden von dem Geologen Noel Odell zum letzten Mal gesehen, und zwar „an der vorletzten Stufe vor der Basis der Gipfelpyramide". Die vorletzte Stufe, also die so genannte Zweite Stufe. Damit hätten Mallory und Irvine das schwierigste Stück zum Gipfel hinter sich gehabt. Als viele Menschen seinen Bericht von der „Zweiten Stufe" anzweifeln, ist sich Noel Odell dann nicht mehr so sicher, wo genau er sie gesehen haben will. Es könnte auch die „Erste Stufe" gewesen sein, sagt er ein Jahr nach seinem ersten Bericht.

Die „Zweite Stufe" – das größte Hindernis auf dem Weg zum Gipfel

Route der Expedition von 1924

Die „Zweite Stufe" konnten Mallory und Irvine unmöglich packen, war die allgemeine Meinung. Vor diesem Hindernis mussten sie kapitulieren.

1960 brauchten vier Chinesen für das letzte, schwierige Stück der „Zweiten Stufe" (siehe die Karte Seite 53) volle drei Stunden. Aber sie hatten viel weniger Klettererfahrung als Mallory. Die nächste chinesische Expedition im Jahre 1975 brachte eine Aluleiter an, um die Überwindung der Wand leichter zu machen. 1985 kletterte der Spanier Oscar Cadiach die „Zweite Stufe" erstmals frei, ohne die Leiter zu Hilfe zu nehmen. Er hielt sich also nur am Fels fest, so wie es auch Mallory und Irvine hätten tun müssen. Er bewertete die Stelle anschließend mit dem Schwierigkeitsgrad V+ – das ist eine Art Note, mit der Bergsteiger bewerten, wie schwierig eine bestimmte Stelle im Fels zu erklettern ist. Den Schwierigkeitsgrad V+ hatte auch Mallory einige Male gemeistert. 2001 schließlich erkletterte der Österreicher Theo Fritsche die Stufe ebenfalls frei und im Alleingang. Er brauchte dazu nur wenige Minuten. Fritsche bestätigte die „Note" V+ von Cadiach und meinte, die schwierigste Stelle – ein Überhang am Ende eines vier Meter hohen Risses – sei zwar sehr anstrengend, aber doch durch einen kurzen Kraftakt zu bewältigen.

Mallory war ein Ausnahmebergsteiger. Kameraden, mit denen er auf Touren ging, zeigten sich tief beeindruckt von seiner Leis-

❓ Felsklettern damals – heute

Mallory und Irvine hatten Seile aus Hanf, die sie oft nur als Schlingen um Felszacken legten. Heute ist die Ausrüstung wesentlich besser. Seile aus Kunstfasern sind reißfester und leichter als Hanfseile. Mit Stahlhaken, die in den Fels geschlagen werden, mit Klemmkeilen oder mit Bohrhaken lassen sich selbst steilste Felsen meistern. Durch die bessere Ausrüstung ist das Klettern sicherer geworden, und Bergsteiger von heute können schwierigere Routen gehen als die Pioniere. Dennoch ist es erstaunlich, welch hohe Schwierigkeitsgrade (bis VII) schon die Pioniere gemeistert haben: Weil ihre Ausrüstung weniger gut war, mussten sie um so besser klettern können.

Die Aluleiter am schwierigsten Teilstück der „Zweiten Stufe"

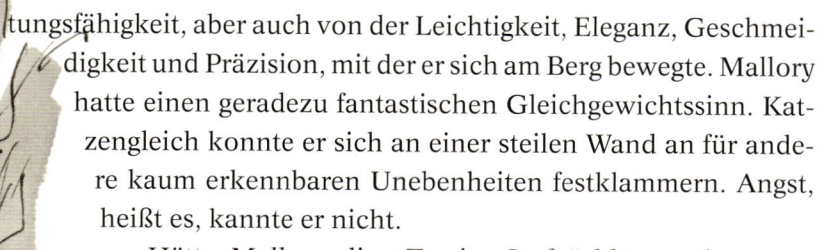

tungsfähigkeit, aber auch von der Leichtigkeit, Eleganz, Geschmeidigkeit und Präzision, mit der er sich am Berg bewegte. Mallory hatte einen geradezu fantastischen Gleichgewichtssinn. Katzengleich konnte er sich an einer steilen Wand an für andere kaum erkennbaren Unebenheiten festklammern. Angst, heißt es, kannte er nicht.

Hätte Mallory die „Zweite Stufe" klettern können? Vielleicht mit einem ähnlichen schnellen „Sprint" wie Theo Fritsche? Oder hätte er sich damit geholfen, auf die Schultern seines Partners zu steigen, wie er es schon auf anderen Klettertouren getan hatte? Auch die Chinesen hatten 1960 bei der ersten nachgewiesenen Überkletterung der „Zweiten Stufe" diese Technik angewandt.

Können Mallory und Irvine den Gipfel erreicht haben? Die Indizien reichen nicht aus, um diese Frage zu beantworten. Wenn Odells erste Aussage zutrifft, dass sie bereits an der „Zweiten Stufe" waren, könnten sie es, wenn sie ausreichend Sauerstoff dabei hatten, vielleicht bis zum Gipfel geschafft haben. Waren sie zu dem Zeitpunkt jedoch noch weiter unten an der „Ersten Stufe", ist ein Gipfelsieg zeitlich nicht möglich gewesen. Wie hoch sie tatsächlich gekommen sind, kann man anhand der heutigen Beweislage also nicht sagen.

Irgendwann am späten Nachmittag kehren sie dann von ihrem höchsten Punkt aus um. Die Sauerstoffflaschen sind fast leer, die Männer werden sehr langsam. Beim Abstieg tasten sie sich, mit ihren Kräften völlig am Ende, in der Dunkelheit nach unten. Um sich gegenseitig zu sichern, sind sie durch ein Seil miteinander verbunden.

> **G**elangte er an eine Passage, die all seine Kräfte beanspruchte, überkam ihn ein geradezu wütender Eifer, und er schien sich zu ärgern wie ein Terrier vor einer Ratte, bis er die Klippe endlich gemeistert hatte.
> Cottie Sanders, Mallorys Kletterpartnerin, über Mallorys Geschicklichkeit als Bergsteiger

Die Stelle, an der das Seil gerissen ist, legt die Vermutung nahe, dass es Mallory war, nicht Irvine, der den Halt verlor und abstürzte. Wäre Irvine gestürzt, von Mallory gesichert, wäre das Seil, das um den toten Mallory geschlungen war, viel kürzer gewesen, nur wenige Zentimeter lang. Ein falscher Tritt. Der Sturz. Mallory fällt. Dann ein scharfer Ruck. Das Seil hat sich an einem Felsvorsprung verfangen. Es reißt. Mallory wird auf den abschüssigen Geröllhang geschleudert, an dessen unterem Ende man ihn fand. Beim Aufprall bricht er sich das rechte Bein. Sein Körper gerät ins Rutschen. Dabei reißt es ihm die Handschuhe von den Händen. Rasend schnell saust sein Körper in völliger Dunkelheit auf den Abgrund zu. Dann prallt Mallory gegen eine schräge Felsplatte, wird in die Luft geschleudert, knallt mit dem Kopf gegen eine Felskante, die Fahrt seines Körpers wird abgebremst, schließlich bleibt er liegen. Mallory krallt sich mit den Fingern in den Untergrund. Mit dem Gesicht nach unten liegt er, Kopf in Richtung Gipfel, Beine talwärts, im Geröll. Er weiß, das Ende ist nah. Vielleicht hört er noch Irvines Stimme, der von viel weiter oben nach ihm ruft. Das Blut aus seiner Kopfwunde sickert ins Geröll. Viel Blut. Das Leben fließt aus ihm heraus. Schnell. Er legt sein gesundes Bein schützend über das gebrochene. Er stirbt. Er ist erlöst.

Irvine ruft noch eine Weile nach Mallory, dann gibt er ihn verloren. Der junge Student taumelt weiter in Richtung Lager VI. Irgendwo auf dem Weg dorthin, den er mehr ahnt als sieht, legt er sich völlig entkräftet in den Schnee. Ihm wird wohlig warm. Er schläft ein. Für immer. So könnte es gewesen sein.

Das Interesse der Welt ist groß, als per Internet die Neuigkeiten von den eisigen Höhen des Mount Everest die Runde machen. Die Website der Expedition wird täglich eine Million Mal aufgerufen, und das über Wochen. Viele große Zeitungen und Magazine berichten über George Mallory und heizen die Diskussion – Gipfelsieg ja oder nein – erneut kräftig an. In diesem Punkt ist sich nicht einmal das Team der Suchexpedition einig. Worüber aller-

> **? Todeszone**
>
> Ab 7 500 Metern beginnt die Todeszone. Ab dieser Höhe kann sich der Körper nicht mehr erholen – er wird immer schwächer, selbst im Schlaf. Das Risiko, an Erschöpfung oder an einer Lungenerkrankung zu sterben, ist ab dieser Höhe besonders groß. Die Todeszone ist so gefährlich, weil die Luft nur noch ein Drittel des Sauerstoffgehaltes wie auf Meeresniveau hat. Der Mensch wird durch Sauerstoffmangel sehr langsam in seinen Bewegungen und auch im Denken. Häufig wird man einfach gleichgültig. In solch einem Zustand kann es passieren, dass sich ein erschöpfter Bergsteiger in den Schnee legt, einschläft und erfriert. Überdies kommt es durch den geringeren Luftdruck zu Wasseransammlungen in der Lunge oder im Gehirn, was ebenfalls tödlich enden kann.

> **Ich bewunderte voll und ganz den unbeugsamen Willen dieses Mannes, der trotz der hinter ihm liegenden entsetzlichen Strapazen sich nicht geschlagen geben wollte, solange noch die geringste Aussicht auf Erfolg bestand.**
>
> Edward Norton, Leiter der Expedition von 1924

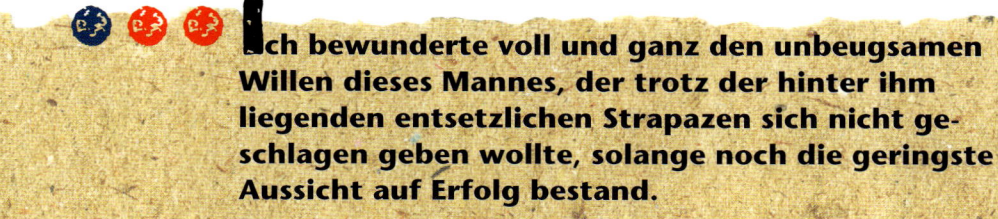

dings im Team Einigkeit herrscht: Eigentlich spielt es gar keine Rolle, ob die beiden Engländer es bis zum Gipfel geschafft haben. Sie haben Mallory gesehen, haben seine Ausrüstung begutachtet. Sie sind wahrscheinlich als Einzige in der Lage, einzuschätzen, welch grandiose, ja fast übermenschliche Leistung er 1924 vollbracht hat. Ein Gefühl von tiefem Respekt – das empfinden sie, wenn sie an Mallory denken. Respekt, Bewunderung und Verbundenheit. Wenn die Bergsteiger untereinander von ihm sprechen, sich an die Stunden auf 8200 Metern mit ihm erinnern, nennen sie ihn „George", als sei er ein Freund von ihnen geworden.

Der Expedition bleibt am Ende nur noch eine Pflicht: den Kindern von George Mallory von dem zu berichten, was sie über ihren Vater herausgefunden haben. Clare, die inzwischen 83 Jahre alte Tochter von Mallory, lebt in Amerika. Eric Simonson besucht die Frau, die mit acht Jahren ihren Vater verloren hat. Mit gemischten Gefühlen hat sie in der Zeitung verfolgt, dass ihr Vater in seiner Ruhe gestört wurde. Es hat alte Wunden in ihr aufgerissen. Damals, am 19. Juni 1924, war sie mit ihrer Mutter und ihren beiden Geschwistern gerade von einer Urlaubsreise wieder nach Hause gekommen. Abends, um halb acht, klingelt es an der Tür. Ein Bote überreicht ihnen ein Telegramm.

In seinem letzten Brief hatte George Mallory seiner Familie angekündigt, dass sie im Falle seines Gipfelsiegs ein Telegramm erhalten würden. Die Familie erwartet also freudige Nachrichten. Doch stattdessen müssen sie erfahren, dass der Vater ums Leben gekommen ist. Und gleichzeitig steht ein Reporter der Zei-

Mit einem Geheimcode teilt Expeditionsleiter Norton mit, dass Mallory und Irvine verunglückt sind. NOVE heißt „ums Leben gekommen", ALCEDO steht für „die anderen sind in Sicherheit".

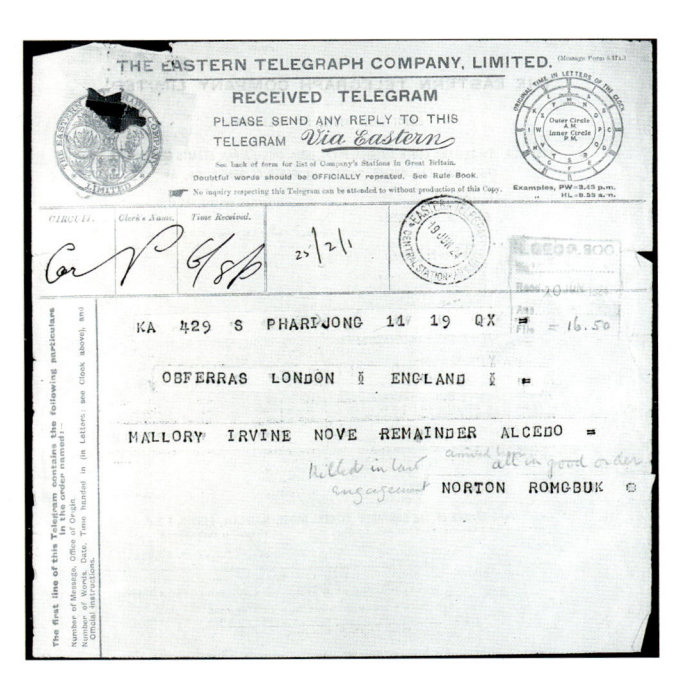

> **? Ausrüstung der Mallory & Irvine Research Expedition**
>
> Zelte: 50. Extremschlafsäcke für die höchsten Lager: 16. Funkanlagen für Basislager und Vorgeschobenes Basislager: 2. Handfunkgeräte (Walkie Talkies): 8. Satellitentelefon: 1. Batterien für Handfunkgeräte (Mignon): 300. 12-V-Batterien für Funkanlagen: 6. Fixseile: 4000 Meter. Solaranlagen für Stromversorgung: 2. Sauerstoffflaschen: 70. Sauerstoffmasken und Regulatoren: 10. Gaskartuschen: 250
> Im Basislager war die Verpflegung mit Lebensmitteln wie Reis, Kartoffeln, Fleisch und Gemüse ganz ähnlich wie die zu Mallorys Zeiten. Nur in den Hochlagern wurden gefriergetrocknete „Astronautennahrung", Kraftriegel und Protein-Gel verwendet – Verpflegung, die viel leichter und nahrhafter ist als die Konserven von 1924.

tung *Times* vor der Tür, der sein Recht auf exklusive Berichterstattung wahrnimmt. Eine sehr schwere Zeit für die Familie. Clare weiß noch genau, wie es war, als ihre Mutter sie und ihre beiden Geschwister vor 75 Jahren zu sich ins Bett holte und alle zusammen weinten.

Jetzt, so viele Jahre nach dem Verschwinden ihres Vaters, hält sie die Schneebrille wieder in den Händen, die ihr Vater ihr gezeigt hat, als sie ein Kind war. Was die Bergsteiger ihr berichten, macht sie traurig und froh zugleich. Wie gerne wäre sie an der Seite ihres Vaters aufgewachsen! Wie schön, dass er seinen Frieden gefunden hat, dass die Bergsteiger ihm auf seinen eisigen Höhen eine würdige Ruhestätte bereitet haben. Am Ende des Besuches hat Clare Tränen in den Augen und dankt Eric Simonson und seinem Team für das, was sie für ihren Vater getan haben.

Dennoch: Das letzte Kapitel in dieser Geschichte ist noch nicht geschrieben. Nicht, solange die Kamera nicht gefunden wird. Vielleicht befindet sich unter denen, die diesen Bericht jetzt lesen, ja jemand, der eines Tages mithelfen wird, dieses Rätsel zu lösen. Jemand, der im Moment noch zur Schule geht. Jemand, der wie Jochen Hemmleb zum Detektiv wird, dem die Frage einfach keine Ruhe lässt, ob nicht vielleicht doch Mallory und Irvine die Ersten auf dem Gipfel waren.

Denn zwei Jahre nach dem Fund von Mallory berichtet ein anderer chinesischer Bergsteiger, er habe schon 1960 an einer ganz anderen Stelle in der Everest-Nordwand einen alten Toten gefun-

Links: Die Uhr, die bei Mallory gefunden wurde

den. Das kann nur Irvine gewesen sein – und vielleicht trägt er die Kamera bei sich. Vielleicht.

Jochen Hemmleb staunt manchmal selbst darüber, dass er dabei war, als man Mallory fand. Wenn er in Berichten liest, dass Mallory 75 Jahre nach seinem Verschwinden an der Nordflanke des Mount Everest gefunden wurde, dann passiert es ihm manchmal, dass er denkt: „Wow, was 'ne tolle Geschichte!"

Und erst dann fällt ihm ein, dass er selbst einen großen Teil dazu beitragen konnte, dass man heute so viel mehr darüber weiß, was passierte, nachdem George Mallory am 8. Juni 1924 um 12 Uhr 50 im Nebel verschwand.

Das Ende der Expedition. Jochen Hemmlebs letzter Blick auf den Mount Everest. Der Abschied fällt ihm schwer.

Das Geheimnis bleibt – und vielleicht ist es auch viel interessanter so.
Clare Mallory Millikan, George Mallorys Tochter

Chronik

1852 Ein besonders hoher Berg wird im Himalaja durch eine englische Landvermessungsexpedition von Indien aus entdeckt. Die Briten nennen den Berg Peak XV. Nach Auswertung der Messergebnisse wird die Höhe des Peak XV mit 8840 Metern angegeben. Damit ist er der höchste bekannte Berg der Welt.

1856 Der Leiter der Landvermessungsexpedition ehrt seinen Vorgänger George Everest, indem er den höchsten Berg der Welt nach ihm benennt. „Mount Everest" wird von der Royal Geographical Society of Britain in London als Bezeichnung angenommen.

1883 Der Brite W. W. Graham klettert als erster im Himalaja.

1919 Als Inder verkleidet, erkundet der britische Offizier John Noel die Länder Sikkim und Tibet. Er kommt dem Everest dabei näher als je ein Europäer zuvor.

1921 Die erste britische Expedition startet in Tweedjacken und Knickerbocker-Hosen, um den Mount Everest zu erkunden. Ein Teilnehmer der Expedition ist George Mallory. Nach wochenlanger Suche wird ein Zugang zum Nordsattel über den östlichen Rongbuk-Gletscher gefunden.

1922 Bei der zweiten britischen Expedition mit George Mallory sterben bei einem Lawinenunglück sieben Sherpas. Sie sind die ersten Menschen, die von einer Expedition des Mount Everest nicht zurückkommen. Zum ersten Mal überschreiten Menschen die 8000-Meter-Marke. Bei dieser Expedition wird auch erstmals Flüssigsauerstoff, die so genannte „englische Luft", mitgeführt.

1924 Bei der dritten britischen Expedition kommen George Mallory und Andrew Irvine nach dem Versuch einer Gipfelbesteigung nicht mehr zurück.

1933 Auf der Houston-Expedition von US-Amerikanern wird der Mount Everest zum ersten Mal überflogen.

1934 Beim Versuch, allein den Mount Everest zu besteigen, verliert der Brite Maurice Wilson sein Leben.

1935 Eine britische Expedition kann nur bis zum Nordsattel vordringen. Die Teilnehmer sehen aber als erste Europäer das Westbecken in Nepal.

1936 Eine erneute britische Erkundung muss aufgrund schlechten Wetters abgebrochen werden.

1938 Die nunmehr siebte Expedition erreicht auf der Nordseite 8300 Meter Höhe.

1947 Der Kanadier Earl Denman erreicht im Alleingang den Nordsattel.

1950 Die Südseite des Mount Everest wird von Briten und Amerikanern zum ersten Mal erkundet.

1951 Bei einer weiteren Erforschung der Südseite durch die Briten werden wichtige Entdeckungen für den südlichen Aufstieg über den Khumbu-Gletscher gemacht.

1952 Eine sowjetische Expedition an der Nordseite endet mit einem Lawinenunglück. Zwei Schweizer Teams erreichen Höhen von 8100 bzw. 8595 Metern.

29. Mai 1953 Der Neuseeländer Edmund Hillary und der Sherpa Tenzing Norgay bezwingen als erste Menschen den Mount Everest. Ihr Erfolg wird stürmisch gefeiert. Die Besteigung erfolgt im Rahmen der zehnten britischen Expedition.

23. und 24. Mai 1956 Die zweite und dritte Besteigung des Gipfels erfolgt unter einer Schweizer Expedition.

25. Mai 1960 Zwei Chinesen und ein Tibeter bezwingen den Berg zum ersten Mal über den sehr schwierigen Nordost-Grat. Sieben britischen Expeditionen ist dies zuvor nicht gelungen.

22. Mai 1963 Ein Team aus den USA besteigt den Everest von Westen vom Tal des Schweigens her, der Abstieg erfolgt nach Südosten: Die erste Überschreitung des Berges ist geglückt.

1965 Zum dritten Mal versucht eine indische Expedition den Aufstieg und ist jetzt erfolgreich. Neun Bergsteiger erreichen den Gipfel.

1966 Bis zum Sommer 1969 sperrt die nepalesische Regierung den Mount Everest.

1969 Japanische Bergsteiger erforschen einen neuen Zugang an der Südwest-Wand.

1971/72 Verschiedene Expeditionen scheitern an der Südwest-Wand und am Westgrat.

1973 Acht Männer erreichen über Südosten den Gipfel. Sie sind Teilnehmer einer italienischen Großexpedition mit 64 Personen.

1974 Auf einer gescheiterten japanischen Mission erleiden Teilnehmer schwere Erfrierungen. Eine französische Expedition verliert ihren Leiter und fünf Sherpas durch eine Lawine.

16. Mai 1975 Junko Tabei ist die erste Frau auf dem höchsten Punkt der Erde. Sie ist Teilnehmerin einer japanischen Frauenexpedition.

27. Mai 1975 Einer chinesischen Großexpedition gelingt die erste eindeutige Besteigung von Norden.

1976 Um den Mount Everest zu schützen, wird der Sagarmatha-Nationalpark eingerichtet.

8. Mai 1978 Reinhold Messner und Peter Habeler besteigen den Everest als erste Menschen ohne Flaschensauerstoff.

11. Mai 1978 Reinhard Karl ist der erste Deutsche auf dem Mount Everest.

1979 Die erste deutsche Frau auf dem Gipfel, Hannelore Schmatz, verliert beim Abstieg ihr Leben.

1980 Der Berg wird zum ersten Mal im Winter bestiegen. Ein polnisches Team feiert den Erfolg. Der erste Alleinaufstieg erfolgt durch Reinhold Messner – wieder ohne künstlichen Sauerstoff.

1982 Einer sowjetischen Expedition gelingt der Aufstieg. Elf Bergsteiger erreichen den Gipfel über den sehr schwierigen Südwest-Pfeiler.

1984 Müll und Bergsteigerleichen werden durch 36 Bergsteiger, Beamte der nepalesischen Polizei, entfernt.

1991 Ein Team, das ausschließlich aus Sherpas besteht, besteigt den Gipfel.

1995 Ein japanisches Team erreicht den Gipfel über den langen Nordost-Grat. Ein Enkel George Mallorys besteigt im selben Jahr den Gipfel über den von den Japanern mit Fixseilen abgesicherten Nordgrat.

1996 Der Sherpa Ang Rita erreicht zum zehnten Mal den Gipfel ohne Sauerstoff – ein einsamer Rekord.

10. Mai 1996 Mehrere Teams, darunter zwei von Bergführern geleitete „Touristen-Teams", versuchen den Gipfel zu erreichen. Es kommt zur Katastrophe: Ein Schneesturm zieht auf, und die Temperaturen fallen bis auf minus 40 Grad. Es gibt keinen mehr, der die Gruppe führt, jeder versucht nur noch sein eigenes Leben zu retten. Neun Menschen sterben.

1998 Dem beinamputierten Amerikaner Tom Whittaker gelingt die Besteigung.

1. Mai 1999 Die Mallory & Irvine Research Expedition entdeckt an der Nordflanke die Leiche George Mallorys. Es gibt keine Hinweise darauf, dass er den Gipfel erreicht hat.

Oktober 2000 Davo Karnicar aus Slowenien gelingt die erste durchgehende Skiabfahrt vom Gipfel bis ins Basislager.

25. Mai 2001 Erik Weihenmayer bewältigt den Aufstieg. Der Amerikaner ist blind.

21. Mai 2003 China sendet die ersten Live-Fernsehbilder vom Gipfel.

22. Mai 2003 Der 70-jährige Japaner Yuichiro Miura ist der älteste Mensch, der bislang auf dem Gipfel stand.

21. Mai 2004 Pemba Dorji Sherpa stellt eine neue Rekordzeit auf. Acht Stunden und zehn Minuten benötigt der 26-Jährige für den Aufstieg.

14. Mai 2005 Didier Delsalle stellt einen neuen Höhenrekord für einen Hubschrauber auf und landet kurz auf dem Gipfel.

2. Juni 2005 Apa Sherpa bezwingt zum 15. Mal den Mount Everest. Damit ist er bisheriger Rekordhalter.

Buchtipps

Sehen Staunen Wissen: Hochgebirge, Gerstenberg Verlag, Hildesheim 2001
Geschichte erleben: Mount Everest, Gerstenberg Verlag, Hildesheim 2000
Conrad Anker / David Roberts: *Verschollen am Mount Everest. Dem Geheimnis von George Mallory auf der Spur.* Heyne, München 1999
Jochen Hemmleb / Larry A. Johnson / Eric R. Simonson / William E. Nothdurft (Hg.): *Die Geister des Mount Everest. Die Suche nach Mallory und Irvine. Der Bericht der Expedition, die George Mallory fand.* Hoffmann und Campe, Hamburg 1999
Reinhold Messner: *Mallorys zweiter Tod. Das Everest-Rätsel und die Antwort.* blv, München 1999.

Filmtipps

Dokumentationen

Everest – Gipfel ohne Gnade. 1998. VHS und DVD.
Der Film im IMAX-Format lässt den Zuschauer hautnah erleben, welchen Strapazen die Bergsteiger auf dem Mount Everest ausgesetzt sind.

Mount Everest – Todeszone. 1978. DVD.
Der Film dokumentiert eindrucksvoll die Erstbesteigung des Mount Everest ohne zusätzlichen Sauerstoff durch Reinhold Messner und Peter Habeler im Jahr 1978 sowie die Geschichte der Everestbesteigungen von Mallorys Verschwinden 1924 bis hin zur erfolgreichen Erstbesteigung durch Hillary und Tenzing 1953.

Die Bezwingung des Mount Everest. 1953. DVD
Mit Edmund Hillary. Bericht mit eindrucksvollen Bildern über die Bezwingung des Mount Everest durch die Expedition mit Hillary und Tenzing im Jahr 1953

Internet-Tipps

• www.alpine-history.com/html/everest/index.html
Von Mallory bis zu den Suchexpeditionen
• www.mt-everest-3d.com
Virtueller Rundflug am Everest. Die „Kamera" kann alle bekannten Routen gezielt ansteuern. Dreh- und schwenkbares 3-D-Modell, man benötigt jedoch einen speziellen Viewer.
• www.mt.everest.cc/
Fakten, Zahlen, Wissen rund um den Mount Everest
• www.everestnews.com
Informationen nicht nur zum Mount Everest

Weitere Tipps

Haus des Alpinismus mit Alpinem Museum Archiv und Bibliothek des Deutschen Alpenvereins
Praterinsel 5
80538 München
Zeigt die Geschichte des Alpinismus von 1760 bis 1945

Alpenverein-Museum
Wilhelm-Greil-Straße 15
AT-6020 Innsbruck
Alpine Exponate aus zwei Jahrhunderten mit zahlreichen Reliefs, Beispielen der Hochgebirgskartographie, alten Bergsteigerausrüstungen und Hüttenmodellen bieten Einblicke in die Geschichte des Alpinismus.

Deutscher Alpenverein (DAV)
www.alpenverein.de
Mit Links zu allen Sektionen und Landesverbänden. Die Website bietet auch Tipps für Bergtouren mit Kindern, Kinder-Kletterkurse und für kinderfreundliche Berghütten.

Register

Seitenverweise auf Bildlegenden sind *kursiv* gesetzt.

A, B
Alpen 8, 15, 16, 28
Alpine Club 16, 36
Alpinhistorik 30
„alter englischer Toter" 26, *27*, 30, 32, 33, 43, 46
Anker, Conrad *37*, 43, 44, 46, 49, *50*
Asien 11
Astronautennahrung 58
Basislager 13, 21, 29, 35, 40, 44, 45, 51, 58
Besteigungsgenehmigung 35
Besteigungsgeschichte 36
Bhutan 11
Bruce, Geoffrey 22, 23
Buddhismus 39
Bullock, Guy *16, 17, 18*

C, D
Cadiach, Oscar 54
Cambridge 8
China 11, 39
Chinesische Bergsteigervereinigung 33
chinesisch-japanische Expedition 26, *27*, 30–33, 43
Chomolungma 6, 37
Clark, Liesl 40
Dalai Lama 39
Darjeeling 16
„Dritte Felsstufe" 29

E, F
Eiskamin 12, 24
Eispickel 19, 25–27, 33, 41
England 15
Erfrierungen 13, *19*
Erstbesteigung 8, 14, 28, 35, 36
„Erste Felsstufe" 28, 29, 52
eurasische Platte 11
Everest, George 6
Everest-Archiv 30
Expedition von 1921 16, 17
Expedition von 1922 8, 19, 20, 21
Expedition von 1924 8, 20–26, 40, 57
Faltengebirge 11
Finanzierung 36
Fritsche, Theo 54, 55
Funk 43–45, 47, 58

G, H
Georg V., Kg. 36
Gipfel *19*, 22, 27–32, *32*, 38, 52, 55–57
Gipfelpyramide 8, 10, 18, *22*, 28–30, 34, *37*, 53
Gipfelsieg 39, 49, 55–57
Gipfelversuch 20, 23, 25, 50, 53
Gletscher *12, 18, 37*
Gletscherspalten 27, 41
GPS-Geräte 51
Habeler, Peter 20
Hahn, David *37*, 44, 45, 48
Hasegawa, Yoshinori 26, *27*
Hazard, John 26
Hemmleb, Jochen 28, 30, 34, *30*, 36–46, *37, 42–44*, 50, *51, 52*, 58, 59
Hillary, Edmund 14, *14*, 35
Himalaja 11, 17, 34, 38, 39
Hochlager 8, 11, *19, 22*, 30–33, 35, 36, 41, 45, 51, *52, 58*
Höhenkrankheit 22, 40, 41
Höhenmesser 49, 51

I, J, K
Indien 11, 15, 36
indische Platte 11
Irvine, Andrew *6, 8, 9*, 10–15, *13*, 20–26, *24, 27*, 28–30, 33, 34, 36, 38, *42, 47*, 48, 49, 52–59, *56, 57*
Johnson, Larry 34, 36
Kalkutta 16
Kangshung-Gletscher 18
Katmandu 38
Khumbu-Gletscher 18
Khumbu-Region 35
Kleidung 49
Kloster Rongbuk 39
Kolonialverwaltung 36
Kolonie 15
Kompass 51

L, M
Lager II 21
Lager III 41
Lager IV 41
Lager V 9, 23, 44, 45
Lager VI 9–13, 26, 28, 41, 42, 56
Lagerkette 13
Landvermessungsexpedition 6
Lawine 20, 27
Luftbild 33
Mallory, Avie 19
Mallory, Beridge 8
Mallory, Clare 8, 57–59
Mallory, George *6, 7, 8, 9*–34, *12, 13, 16, 18*, 36, 38, 39, 41, 42, 45, *47*, 48–59, *51, 53, 55, 57*
Mallory, John 8
Mallory, Ruth 8, 15, 16, 21, 22, 51
Mallory & Irvine Research Expedition 30, 33–38, *37, 41*–45, *43, 45, 48*, 50, 51, 56, 58
Maultiere 17
Messner, Reinhold *15*, 20
Meyers, Lee *37*
Mönche 26, 39
Monsun 9, 17, 22, 23
Mumifizierung 47, 50

N, O, P
Nanga Parbat History Research Project 30
Nepal 11, 15, 29, 33, 35
Nordflanke 40, 59
Nordgrat 12, 19, *22*, 29
Nord-Nord-West-Wand 37
Nord-Ost-Grat 18, 28, 29, 37, 40
Nordroute 15, 33
Nordsattel 12, 18, *19*, 20, *23*, 28, 29, 31, 41
Nordsattel-Wand 29
Nordseite 8, 29, 30, 33
Nordwand 19, 58
Norgay, Tenzing *14*, 35
Norton, Edward *22*, 23, 25, 57
Norton, Jake *37*, 44, 46, 47, *50, 51*
Odell, Noel 9, *10*, 11–13, 25, 50, 53, 55
Ost-Süd-Ost-Wand 37
Oxford 9
Pakistan 11
Pemmikan 21
Politz, Andy *37*, 44, *50*
Pollard, Thom *37*
Proviant 21
Puja-Zeremonie 39

R, S
Richards, Tap *37, 50*
Rongbuk-Gletscher *12, 18*, 29, 46
Rongbuk-Tal 21, 29, 38, 40
Royal Geographical Society 16, 36
Sagarmatha 37
Sanders, Cottie 55
Satellitentelefone 45
Sauerstoffdichte 22
Sauerstoffflaschen 9, 10, 13, *20, 23, 24*, 28, 37, 41, 43, *52*, 55, 58
Schneeblindheit *23*
Schneebrille *23*
Seilschaft 46, 55
Sherpas 9, 14, *18, 23*, 35, 36, 40, 41
Sikkim 17
Simonson, Eric 34–38, *34, 37*, 44, 51, 57, 58
Somervell, Howard 23, *52*

T, U, V
Steigeisen 25
Stromversorgung 40
Suchexpedition siehe Mallory & Irvine Research Expedition
Süd-Ost-Grat 37
Südroute 15, 33
Südseite 29
Süd-West-Wand 37
Teleskop 42–44
Tibet 6, 8, 11, 16, 17, 21, 26, 28, 29, 33, 34, 37–39
„Tiger" 35
Tingri 17
Todeszone 6, 33, 37, 47, 56
Umweltverschmutzung 41
Vorgeschobenes Basislager 13, 41, 44, 58

W, Y, Z
Wales 8, 15
Wang, Hongbao 26, *27*, 30–32, 43
Westgrat 37
Westschulter 40
Yaks 29, *40*, 41
„Zweite Felsstufe" 28, 29, 52, *54*, 55

Bildnachweis

Archiv Jochen Hemmleb, Bozen: Umschlag vorn o, Umschlag hinten l, Buchrücken, S. 2, 6-7, 7ul, 16-17o, 18o, 18mr, 19ur, 28ml, 28ur, 30ol, 30-31u, 32ul, 34ul, 35m, 36, 37, 38ul, 38ur, 39, 40ol, 40-41u, 43ml, 44, 48ur, 58-59, 63/Rick Reanier: S. 53or; Foreign Languages Press: S. 32ur Dave Hahn: Umschlag vorn ul, S. 4-5, 42, 45, 50, 51, 53ul, 54; Mountain Camera Picture Library/John Cleare: S. 10ol; picture-alliance/dpa-Bildarchiv: S. 14, 15, 16ur, 35or; © Royal Geographical Society: Umschlag vorn mr, Umschlag hinten r, S. 6ur, 8, 10ur, 12ol, 12or, 13, 19ol, 20, 21, 22, 23, 24ul, 49, 57; © The Warden and Fellows of Merton College Oxford, courtesy of The Sandy Irvine Trust: S. 9, 24mr, 25ul, 25ur, 27ml; www.dieter-glogowski.de: S. 52mr

Quellennachweis

Conrad Anker: Verschollen am Mount Everest. Deutschsprachige Übersetzung von Michael Windgassen. Heyne, München 1999; Jochen Hemmleb / Larry A. Johnson / Eric R. Simonson / William E. Nothdurft (Hg.): Die Geister des Mount Everest. © Mountaineer Books, New York. © für die dt. Übersetzung Hoffmann und Campe, Hamburg 1999; Reinhold Messner: Mallorys zweiter Tod. blv, München 1999; www.zdf.de/ZDFde Archiv, 12.05.2003. Leider war es uns nicht in allen Fällen möglich, die Rechteinhaber ausfindig zu machen; alle Ansprüche bleiben gewahrt.